A Teacher's Manual for the Instruction of Chinese: Methods and Techniques

汉语教师专业技能指导手册

冯胜利 刘乐宁 朱永平 阎 玲 著

北京语言大学出版社
BEIJING LANGUAGE AND CULTURE UNIVERSITY PRESS

图书在版编目（CIP）数据

汉语教师专业技能指导手册 / 冯胜利等著 . -- 北京：
北京语言大学出版社，2018.5（2019.9 重印）
ISBN 978-7-5619-5203-0

Ⅰ. ①汉…　Ⅱ. ①冯…　Ⅲ. ①汉语－对外汉语教学－
教学参考资料　Ⅳ. ① H195.4

中国版本图书馆 CIP 数据核字（2018）第 085185 号

汉语教师专业技能指导手册

HANYU JIAOSHI ZHUANYE JINENG ZHIDAO SHOUCE

排版制作：北京创艺涵文化发展有限公司
责任印制：周　燚

出版发行：北京语言大学出版社
社　　址：北京市海淀区学院路 15 号，100083
网　　址：www.blcup.com
电子信箱：service@blcup.com
电　　话：编辑部　8610-82303647/3592/3395
　　　　　国内发行　8610-82303650/3591/3648
　　　　　海外发行　8610-82303365/3080/3668
　　　　　北语书店　8610-82303653
　　　　　网购咨询　8610-82303908
印　　刷：北京虎彩文化传播有限公司

版　　次：2018 年 5 月第 1 版　　印　　次：2019 年 9 月第 2 次印刷
开　　本：787 毫米 × 1092 毫米　1/16　　印　　张：11.25
字　　数：233 千字
定　　价：52.00 元

PRINTED IN CHINA

前 言

大家看到的这本《汉语教师专业技能指导手册》(以下简称《教师手册》),是我们20多年来在宾夕法尼亚大学(UPENN)、明德学院中文暑期班、普林斯顿大学(PU)、堪萨斯大学(KU)、哈佛大学(HU)、哥伦比亚大学(CU)、圣母大学(ND)、哈佛北京书院(HBA)、哥伦比亚大学北京暑期培训班(CIB)、普林斯顿大学北京暑期培训班(PIB)、圣母大学北京暑期培训班(NDIB)以及美国联合大学北京中文学校(ACC)等北美大学从事汉语教学的经验总结。它既是我们和同行以往教学方法的介绍和总结,也是我们对将来汉语教学的前瞻与探索。把它献给有志于汉语教学的老同行和新同事,或许不无纪念(对老朋友而言)和参考(对新同事而言)的意义吧。

作为一名海外汉语教师,我们认为首先要考虑的问题是:什么是汉语、什么是汉语的典型特征以及它和汉语教学的关系。换言之,教师对自己所教的东西要“知根知底”,才能知道怎么去教,才不至误人子弟。“不误人子弟”是教师的起码良心,是教德的根本所在。但仅有教德,方法不明,还难入“不误人子弟”之境界。我们四人都受过国内、海外语言学训练,都有20多年从事汉语作为外语教学的经验,都在如何“不误人子弟”的良心路程中摸索过。在多年的教学实践和给新教师培训的过程当中,我们觉得业内迫切需要一本能够对正在从事汉语教学和刚入行的教师具有参考价值和指导意义的教师手册,故以冯胜利在哈佛大学中文部编写的《教师手册》为底本,加上由阎玲整理编纂的我们四人的多篇论文、学术报告、教案等,再由我们四人几经讨论修改,历经多年遂成此书。

全书共分为八章,先从汉语作为外语教学的性质、当前流行的语言和教学理论谈起,然后回溯北美汉语教学法的成因与发展,最后逐章详细讲解汉语作为外语教学的具体技能与方法,包括大班课、小班课、对话课、操练技能、提问技巧以及书面语教学、语体教学、汉字教学、备课会议、朗读训练等细微教学环节。虽然各章节由每个人分别撰写,但各章各节的观点都是我们四个人一致同意的。在成书期间,于亚平老师也参与了修改工作,北京语言大学出版社的陈维昌主任、郭冰编辑提出了很多有益的建设性意见,我们在此一并感谢。

我们不敢说这里所谈的教学经验和方法都是对的,但它们确是我们经年教学实践证明行之有效的、有语言理论为支撑的、较为完善成熟且易于操作的汉语二语教学技能与方法。我们期望不断地提高和进步，因此期望得到同行朋友和专家的批评指正。如果这里的浅显经验和理论可以“抛砖引玉”(无论是理论上的还是实践上的)，那么我们的目的就达到了。

作者

2017 年 8 月

目 录

第一章 汉语作为外语教学的性质和发展 1

第一节 汉语作为外语教学的性质 1

第二节 汉语作为外语教学的基本理论 3

第三节 赵元任与北美传统汉语教学 9

第四节 控制式联想教学法的普遍采用 18

第五节 汉语教学中“三一语法”的提出 26

第六节 如何在教学中使用“三一语法” 34

第二章 汉语教师的基本素质及课堂训练的基本功 37

第一节 汉语教师的基本素质 37

第二节 汉语教师的基本技能 41

第三节 课堂训练的基本功 47

第三章 大班课教学 57

第一节 大班课概述 57

第二节 低年级（一、二年级）大班课 59

第三节 高年级（三年级以上）大班课 66

第四章 小班课教学 71

第一节 小班课概述 71

第二节 小班课训练的十大方法 73

第三节 高年级小班课的特别训练方法 80

第四节 小班课上课注意事项 82

第五节 小班课课堂操练之“忌” 86

第五章 语体语法与书面语教学 91

第一节 语体语法的原理 92

第二节　书面语体的特点　102
第三节　语体训练的方法　109
第四节　语体教材的课文选择及其使用　118
第五节　语体等级　130
第六章　对话课教学与备课会　139
第一节　对话课教学　139
第二节　备课会　142
第七章　汉字教学　146
第一节　对汉字教学的再认识　146
第二节　汉字教学的重点　148
第八章　朗读训练与语感培养　154
第一节　朗读训练的必要性　154
第二节　语音训练　155
第三节　重音训练　162
第四节　节奏的性质与格式　166
第五节　语调类别与功能　168
参考文献　170

第一章　汉语作为外语教学的性质和发展

第一节　汉语作为外语教学的性质

汉语作为外语教学的性质是什么，是一个值得研究的大问题。这里我们提出如下四项有关汉语作为外语教学的性质，供从事这个专业的汉语教师参考。

一、专业职能

汉语作为外语教学是以理论为基础、以知识为背景的一项专业技术性学科。可能每个人都能做饭，但只有经过专业训练的人才是厨师；每个人都会唱歌，但只有经过专业训练的人才能上台。行外的人一般以为：“会说汉语的都能教汉语。”其实，这适足见其专业上的欠缺。世俗之见不可怪，问题出在搞专业的人“专业不专”。我们认为，汉语作为外语教学是一项专业技术性极强的职业，不经训练难以胜任。要做好一名汉语教师，不仅需要语言学和第二外语教学的理论基础，还要有广博的文史知识做背景。因此我们把汉语作为外语教学的专业定义为“一门以语言学和第二外语教学理论为基础、以文史知识为背景的专业技术性学科”。没有理论基础和文史知识，只凭专业技术，虽能应付一时，但终会捉襟见肘、用不敷出；只有理论和知识而不通专业技术，那也不可能教好汉语。什么是教汉语的“专业技术”呢？这是从事这项专业的人员需要认真研究的重要课题。

二、专业技术

教汉语既然是一门专业技术，那么从事这项专业的人员就必须掌握专业技术。首先，我们应区分技术和技巧的不同。技术是一套运作的方式和方法；技巧是对这套方式和方法的巧妙使用。汉语教学的技术因对象和其语言程度的不同而不同。有人觉得教学生念“bo、po、mo、fo”太乏味，其根本原因是不懂教语音的技术为何物，在理论上缺乏对基础训练（foundation work）重要性的认识和了解。换言之，就教语言的技术而言，教“bo、po、mo、fo”与教“之所以”同样需要技术，甚至前者需要的技术比后者更多、更复杂、更重要，因为前者不仅包括拼音（或音系）理论，还包括发音知识、训练步骤、教师口音等相关内容。

三、专业理论

造桥需要专业技术，但桥是死的；教语言也需要专业技术，可学的人却是活的。“两者都需要技术”这一点是相同的，但各自需要什么样的技术就大有讲究了。面对成年人，教语言的技术必然不能无视教学对象的“大脑”。如何对待教学对象大脑里一连串的“为什么”，是语言教学技术（理论）上的一个重大问题。就原则而言，专业人员必须首先了解语言学理论，才能深入浅出地化理论语法为教学语法。用一句“这是中国人说话的习惯”来回答学生的语法问题，这是降低自己的专业标准；用“中国话没有语法”来搪塞，则是自甘无知，有损自己的专业形象。因此，理论语法与教学语法虽然不同，但从事这项专业的人不能不了解（如果不是研究）解释性语法（explanatory grammar）与描写性语法（descriptive grammar），以及理论问题（theoretical problem）和教学问题（pedagogical problem）之间的联系和区别。

四、专业定位

教汉语的人都自认为是“汉语教师”。“汉语教师”是个职业名称，本无可非议。然而，我们切不可拿这个名称给从事这项专业的人来定位。为什么？这是由这个专业的性质决定的——教汉语的目的是让人“说”，而不是让人“知”。什么是“师”？韩愈说是“传道受业解惑”者也。显然，这不是教语言的任务。国人受传统为师标准的影响过深，把一个技术性专业误解为理论性专业。其弊病是，混淆了自己的专业职责；其结果是，该做的没做，不该做的倒拼命地做。什么是该做的？教汉语的技术到底有哪些？初级与高级的技术究竟有何不同？专业技术不明了，则专业标准不清楚；专业标准不清楚，自然“会说汉语的都能教汉语”的俗见就比比皆是了。尽管目前造成这种处境的原因很多，但专业定位不准确是一个重要因素。我们认为，从事汉语教学的人应该把自己定在“让人说”而不是“让人知”的这个专业位置上。这是一个大前提。其次才有“怎么让学生说”“怎么说得对”等一连串的技术问题。有人会说“学生不知，怎么会说？”这是误解。首先，我们必须明确：教语言的目的是为了让习得者学会说话，不是让他们学习文史或语法（所谓“知识”）。通过语言渗透文化、通过语法帮助说话则是另一回事。如果相反，则很难说是语言教学，更不消说发现语言教学的技术和规律，建立语言教学的专业了。其次，“教说不教知”的原因是因为中国人一般都会说汉语，但是他们并不（都）知道为什么这么说。也就是说，“会说不一定必知”。我们知道，成人学第二语言情况不同，但这不能作为“教知”而忽略“教说”的理由。事实上，即使是语法教学，也必须通过训练来习得，教师课上夸夸其谈，学生下面雾里云中，这样的教学是无济于事的。因此，我们这些教语言的教师，与其说是“教师”，不如说是“教练”。教练只教不练是失职，运动员只听不练虽然轻松，但绝赢不了比赛。

第二节　汉语作为外语教学的基本理论

一、二语习得与汉语教学

根据当代语言学的研究，人类的语言能力可分为两种：一是语言的生成能力（competence），一是语言的使用能力（performance）。无疑，二者都是语言习得的必要内容，但二者的性质不同。前者是一套语言生成规则（语言的结构），后者则是使用环境赋予语言形式的不同意义。显然，语言结构和语用功能分属于不同的范畴。前者是其体，后者是其用。前者是使用功能得以寄附的基础。对语言习得者而言，我们很难说哪个更重要。即使学会语言的结构，可以自如地创造合法的语句，如果不知道它们的使用功能，在交流中也会碰壁。从语言学理论上看，前者是后者的基础，因为“体”之不存，“用”将焉附？！从教学实践上看，前者也必须被视为首要内容，否则像“吃饭了吗？”这句话就得教成一串只有语音而无结构的问候语。事实是，在讲授结构的同时，也没有人不讲用法（包括使用规则和使用场所）。问题是，如果我们把交际功能视为语言的唯一属性，就会走入极端。

一般说“语言的功能在于交流和使用”，这并不错。但是我们不能忘记，没有语言则没有交流。语言是交流的工具，但正因如此，我们才必须先有工具（语言）。只强调工具的作用与功能而忘记工具本身的研究与制造（习得），势必导致舍本逐末的结果。

因此，我们认为：第二外语教学的任务首先是培养学生“生成语言”的能力（结构的习得），其次才是培养学生应用语言的能力，至少不能以应用能力取代生成能力。

人类语言的本能是由“生成能力”和“使用能力”组合而成的。如果单方面强调语言的应用能力，则必将语言教学引向忽略“生成能力”与“结构习得”的培养和研究。其结果是，学生也许能用学到的词语，如“汤”“火车”“汽车”“邮票”等，但却说不出完整的句子。“说不出完整的句子”正是缺乏生成能力的教学结果。如果长此以往，就会误人子弟，成了所谓的“fossilized classroom pidgin（石化了的教室洋泾浜）”。我们认为：人使用语言的能力（用语言处理问题、完成工作的能力）和具备语言的能力（语言本能，亦即 competence）是两码事，决不能混为一谈。使用语言的能力，因人而异；但人都具备同样的语言本能。我们不能说操同一语言的人所具备的语言本能（指生成能力，不是语言艺术）各不相同，但他们使用自己的本能（语言能力）的情况，则因人、因时、因事而异。更应指出的是：利用语言完成某项工作的能力不仅仅是语言水平的问题，这里还牵涉到个性品质，以及待人接物、处理问题等方面的能力。因此，第二外语教学的首要任务是研究和培养学生的“生成能力”，其次才是应用语言的能力。换言之，我们要教的是语言能力，不是做事能力。

语言的应用能力必须建立在语言生成能力的基础之上。在此前提之下，我们才可以讨论语言教学的“必要条件”——保证语言（生成与应用）能力习得的必要条件。

理论上说，无论是第一语言还是第二语言的习得都首先要接触习得材料。《孟子·滕文公下》说：“有楚大夫于此，欲其子之齐语也……一齐人傅之，众楚人咻之，虽日挞而求其齐也，不可得矣。引而置之庄岳之间数年，虽日挞而求其楚，亦不可得矣。”没有接触则无法习得，其中讲的就是这个道理。这里所要强调的是：接触不足，反复不够，语言习得也无法成功。小儿学话，至少要一到两年的时间。语言的演变，也必须要有充分的足以触发重新分析的变化语料才能出现和完成。也就是说，接触的材料（语料）需要一定的“量”，而一定的量的积累需要一定的时间。因此，人类语言的生成机能，没有“量”和“时”，是无法触发、启动和建立的。从这个意义上说，大量接触语言材料是语言习得的必要条件。这里所谓的“接触材料”就是语言习得中的“input（输入）”。根据 Krashen（1985）的输入理论（Input Hypothesis），习得的成败在于如何对待“input”。因为：

第一，在习得两种并存的语法形式的过程中，是下一辈还是上一辈所使用的语法形式胜出，完全取决于习得者的语料输入程度；若接触下一辈所倾向的语料较多，那么该习得者就会习得下一辈所使用的句式，反之亦然。

第二，输入的语料越多、越可理解，第二语言的能力就越强。

第三，可理解性输入语料的缺少将延缓语言的习得。

第四，教学的方法和作用取决于教师对可理解性输入的使用。

第五，听说教学之所以成功，正是因为它提供了大量的可理解性输入语料。

第二语言习得必须频繁广泛地接触目的语，因为第二语言习得过程中有来自于第一语言的干扰。近年来研究表明，第二语言习得需要开发大脑控制语言的新区域。因此，没有足够的反复出现的材料，无法使大脑自觉“编程”。与第一语言习得不同，第二语言教学不是让习得者在自然语言环境中独立完成，而是在人为的语言环境中有计划、有限制地培养。计划来源于我们对该目的语的认识，限制则来源于课时的规定。第二外语教学的一切活动，都不可能“自然（或地道 authentic）”，因为习得不是在社会中而是在教室里进行的。因此它只能“人为”。虽然这种人为环境的习得活动可以根据不同的人对自然习得理解的不同而采用不同的模拟方式，但有一点必须清楚：人为的习得必须建立在自然习得的基本规律之上才最科学。什么是自然习得的基本规律？使学生获得大脑自动编程的能力，是自然语言习得的根本，即语言生成能力。语言生成能力的获得以接触足够充分的语料为前提。因此我们认为：教学方法的选择以及课程的设定，均须以“生成能力”和“足够语料”为原则。根据 Swain（1985）的输出理论（Output Hypothesis），在第二语言习得过程中，习得者只获得说话机会（opportunities for production alone）远不足以使之进步，重要的是习得者必须在“促使”之下说出准确的句子（learner be pushed to produce accurate output）。经验证明：这是一个非常有效的方法，同时也是我们这本《教师手册》的基本精神。

足够的输入与输出不仅是培养生成能力的必要条件和前提，而且是防止“语言残废”的有效手段。输入是基础，输出是目的。从这个意义上讲，训练课就是输出课，就是“learner be ***pushed*** to produce accurate output”。因此，尽管我们《教师手册》中的具体做法和要求可能有不完善而需要不断改进的地方，但是理论和经验告诉我们：大方向是正确的。

二、二语习得的主要理论流派及研究发展

作为汉语教师，我们应该了解二语习得的相关理论及主流理论的主张。

先天性理论（nativism）强调学习语言的内在机制，认为语言环境不能令人满意地解决语言习得的问题，输入只是激活（trigger）语言内在机制的手段，学习者的内部习得机制才是二语习得的主要原因。[①]

---

① 参见第 16-18 页神经语言学成果有关一语生成和二语获得分属于大脑不同区域的理论。

联结理论（connectionist theory）认为，人在出生的时候大脑就有寻求和建立事物之间关系的倾向，人们从多种渠道（包括视觉、听觉、知觉、触觉）获取信息并将这些信息储存在由形似神经元的大量节点组成的神经网络（即离散性的知识结构）中。根据这一理论，教师可通过适当的方式帮助学生构建网络，加强节点之间的联结力度，使学生将习得的词汇并入到记忆的网络中。

功能主义（functionalism）是当代语言学界与形式主义相并列的一种学术思潮。它旨在通过语言在社会交际中应实现的功能来描写和解释各种语言语义的、语法的和音系的语言学特征。功能主义强调语言的社会性，强调语境和语言的后天形成性。语言学界一致公认功能主义思潮发端于1926年成立的布拉格学派。功能主义学派把语言看作是一个用于交际的、由多种表达手段构成的、为实现某种目的服务的功能系统。交际能力（包括语用能力）习得是语言习得的出发点和归宿。功能主义对我们的启发是：语言教学必须立足于语言的功能和使用，知道何时、何地、何种场合使用哪些所学的语句，也就是说，语言学习是为交际服务的。新近较为流行的几种教学法，如交际法（communicative approach）、主题法（theme/content-based method）和任务法（task-based method）都是在功能主义的语法框架下产生的。而本书介绍的语体语法，就是以"形式—功能对应律"为基础的形式和功能相结合的产物。

这里要特别介绍的是直接法。直接法作为语法、翻译法的对立物是19世纪末在欧洲产生的，其主要代表人物是贝力兹（M. D. Berlitz）、艾盖尔特（B. Eggert）和帕默（H. E. Palmer）。直接法也叫自然法（natural method）、心理法（psychological method）、口语法（oral method）、改良法（reformed method）。针对翻译法不能培养学生听说能力的缺点，它更强调直接学习、直接理解和直接应用。其教学目标不是规范的书面语，而是外语口语。直接法主张采用口语材料作为教学内容，强调模仿，主张用教儿童学习本族语言的方法，"通过说话学说话"的方法来学习外语，教学过程是一句话一句话听、模仿、反复练习，直到养成语言习惯。教学中只用外语讲述，广泛利用手势、动作、表情、实物、图画等直观手段，要求外语与思维直接联系，绝对不使用本族语，即完全不借助于翻译，语法降到完全不重要的地位。直接法在教活语言，特别是在培养口语能力方面，取得了显著的效果。直接法主张直接联系的原则：直接建立语言与外界经验的联系。也就是说，在外语教学中，使每一个词语同它所代表的事物或意义直接联系，不经过母语翻译。这样做，可以使学生尽快丢掉"心译"这条拐棍，直接用外语思考（参见第15-16页赵元任的"直接法"）。

另外，心理学研究成果也给二语教学带来了新的启示，如有关心理词汇（mental lexicon）的研究。心理词汇又叫作心理词典（mental dictionary）、心理词库、内部词库

（internal lexicon）等，是词汇在永久记忆中的表征。心理词汇研究包括三个主要部分：词汇知识、心理词汇的组织和词汇提取。词汇知识包括语音、句法、词法和语义知识等。心理语言学家 Levelt（1989）将心理词汇分成词目（lemma）和词位（lexeme）两部分。词目包括词的语义和句法信息，词位包括形式（发音和拼写）和形态信息。

Jiang（2000）借鉴这一提法，认为词汇习得的过程也可以看成是上述知识从母语系统向目的语系统的发展过程，提出了词汇能力发展模型。该模型把二语词汇习得的心理表征分为三个发展阶段：形式阶段、母语词目中介阶段和二语整合阶段。根据 Jiang 的研究，在形式阶段，二语学习者所学词条中只包括形式信息（读音和拼写），而没有语义和句法。在母语词目中介阶段，二语形式与母语词目相结合，二语习得者以母语系统为中介使用二语。随着二语学习的深入，二语词汇与其母语对应词之间的联系得到进一步加强。这些紧密的联系意味着在使用二语词汇时，二语形式信息与其母语对应词的词目信息同时被激活，使得二语形式与其母语对应词词目信息之间建立起更加紧密、直接的联系。在二语整合阶段，二语语项的四类知识都得以习得。在这一阶段，二语词汇信息（形式、语义、句法和词形）高度整合并融入词条中，二语词汇的语义与二语概念直接紧密相通，而不是通过母语对应词或微弱地和二语概念相连接。所以，达到最后阶段的词条可随时随地用于语言交际。

张淑静（2005）通过比较母语者和二语者的反应类型发现：二语学习者还没有建立起语义联系，而语音联系在二语心理词汇中起主导作用。胡晓莹（2010）通过对英语学习者词汇习得的研究指出："这种借助于母语来记忆英语单词的方法在外语学习初期可以减轻记忆负担，使我们的词汇量迅速扩大，符合人类心理认知过程中的经济原则。但到了学习的中级阶段，继续采用翻译法学习英语语义并不利于提高掌握词汇的深度和建立完整的语义网络，导致词汇学习出现停滞不前的状态。"

实际上，研究表明：有了母语词目为中介，汉语学习者往往不再注意利用上下文线索获取词义，会无视母语和汉语在概念分类上的区别。这就导致了不能在二语学习中建立词与词的语义联系，使用时就按照所记母语意思取词，形成了根深蒂固的"石化"现象。这种"石化"现象以及中介语的产生都与汉语学习者的学习策略有直接的关系，是习得者以母语词目为参照，不注重在真实语境中理解体会目标语词汇的意义，建立目标语语库及相应语义网络链接所致，是习得偏差或错误得不到纠正的后果。

Jiang（2000）指出：词汇发展从母语中介阶段过渡到二语整合阶段所花费的时间非常漫长，对大多数词汇而言，过渡也许永远都不会完成。在二语应用中，由于二语学习者在音、形、义等方面建立起母语和二语词汇间的一一对应关系，忽视了二语词汇的联想意义，尤其是搭配意义和内涵意义等，当母语与二语词汇出现意义上的不吻合时，就会产生词汇运用错误，有些错误非常顽固，接触再多的语言材料也根除不了，形成词汇“石化”。

此外，语块教学也给汉语词汇教学带来了新的认识。Wray（2002）将语块定义为：“一串预制的连贯或不连贯的词或其他意义单位，它整体存储在记忆中，使用时直接提取，无需语法生成和分析。”Nattinger 和 DeCarrico 早在 1992 年就将语块从结构上细分为：多元词语块（如：取决于、毋庸置疑、总而言之等）、习俗语语块（如：心急吃不上热豆腐、欲速则不达等）、短语架构语块（如：……的时候、……以前 / 以后等）和句子架构语块（如：……越来越……、S + 把……+ 动词短语）。语块按不同的语用功能范畴类别存储在一起，使用者根据交际语境的需要，整体提取使用，从而达到了正确性和流利性的统一。

这就是说，单个的识字教学效率低下，不利于使用者快速地从记忆中提取。在进行语块教学的过程中，我们发现一旦给初学者提供一定的语言刺激（用提问法），如“请问，您贵姓？”“你叫什么名字？”“你是什么地方人？”学生就会不假思索地给出相关的信息。Nattinger 和 DeCarrico（1992）曾明确指出：一种语言的正确使用，就是“对这些预制语块进行选择，然后将这些语块串联起来的过程”。

当然，在情景中才能体会词汇的意义，才能产生真正的理解。Sauve 和 Genesee（2000）指出：“在指导语言初学者时，要特别考虑到他们非常需要内涵丰富、有意义的环境。”清楚的、有意义的并且有趣的场景为学习者提供了很好的环境，使得语言在该场景中易于理解。这些熟悉的语言由于与场景相联系而易于记忆并显得实用。实际上，由场景提供的语言环境能使大脑充分发挥其优势：辨别不同的模式和规律并找出内在联系，使得信息和现有知识联系起来，从而进行有效的记忆和回忆。因此，我们的教学重点应放在为学生再现或模拟某语言点的语境上。语境在二语教学中占有极其重要的地位。

我们如何在头脑中对信息进行编码十分重要。信息编码的方式很多，但这些方式大多或是依赖视觉处理——将信息转化为图片，或是以语言形式对信息进行加工再现。有关研究表明，人们对视觉刺激更为敏感，相对而言，人们的视觉图像记忆明显优于语言信息记忆。与死记硬背的简单重复性学习方式相比，图像编码可以使得学习的趣味性增加。因此，我们可以通过将我们所要记忆的信息视觉化以达到加深记忆的目的。虽然一些抽象的概念和想法是无法视觉化的，但将抽象的想法具象化并非没有方法。譬如，我们可以将有同样意义的图像符号与我们想要记忆的内容相联系。图像化技巧通常的做法是先将信息以图像的形式编码，然后在信息提取时将图像解码还原成相关信息。虽然这需要花费一点时间和精力，但要比不采用任何技巧有效得多。

总之，相关心理词库研究表明：人类对词汇的记忆是通过建立语义网或语义链接而实现的。词汇是根据语义域组织在一起的，其中有并列关系（如：调查研究 = 调查和研究、丰功伟绩 = 丰功和伟绩）、同义 / 近义关系（如：美好和美妙、懒惰和怠惰、枯萎和干枯、宽敞和宽阔）、反义关系（如：温暖和寒冷、温和与暴躁、和睦和争执、舒服和难受、希望和失望）、从属关系（如：颜色和红色、黄色、蓝色、绿色等；衣物和上衣、外衣、大衣、棉衣、毛衣、毛背心）等等。其中相互关联词汇的链接尤其紧密，如与吃饭相关的词汇：刀子、叉子、盘子、碗筷、桌子、椅子等。而下义词项与其上义词项之间的链接相对较弱，如生物与动物、植物、微生物等。这些发现给我们的初级汉语词汇教学提供了理论依据。因而，我们的授课重点应放在易于学生记忆、利于其掌握的技巧上。

这些认知语言学和心理学的研究，对二语习得的研究与教学产生了巨大的推动作用。对比这些研究成果与赵元任先生首创的汉语直接教学法，我们发现当代语言学理论和二语研究与北美传统汉语教学法有异曲同工之妙。这也可以解释为什么赵先生创立的汉语教学法历经几十年，仍生机勃勃，在诸种汉语教学法中独占鳌头，成效显著。下面我们将一起回顾赵先生所奠基的北美传统汉语教学。

第三节　赵元任与北美传统汉语教学

中国最早对汉语语言做系统研究的是马建忠 1898 年所著的《马氏文通》。但该书以文言文分析古汉语文法，套用西方语法理论来框定汉语语法，行文艰涩迂阔，与汉语的语言实际不相铆合。从现代语言学的角度来看，汉语语言研究始于赵元任先生。故此，赵先生被尊称为“中国现代语言学之父”[①]（陈原，2002：XIV）。在汉语作为外语教学上，赵先生也是贡献巨大，被誉为汉语教学的开拓者、奠基人（周质平，2010：242）。据现有资料记载，最早在海外开设汉语课的是法国皇家学院（1742 年），最早在美国开设汉语课的是耶鲁大学（1871 年）。二战后，设置汉语课在美国大学渐成风气，从事汉语教学的教师人数众多，但却无人能与赵先生比肩。即使在目前，无论是在汉语作为外语教学的理论方法、课程安排、教学技巧上，还是在教材编写方面，都无人可以望其项背。

① 早在 1929 年，时任中央研究院历史语言研究所所长的傅斯年就赞誉赵元任为“汉语语言学之父”。（苏金智，1999：52）

一、赵元任与普大模式

运用现代语言学的理论和方法从事海外汉语教学，是赵元任先生在哈佛大学任教期间开始的。而北美传统汉语教学法的形成可以说是始于哈佛大学完善于普林斯顿大学。据《赵元任年谱》所载，赵先生曾先后两次执教于哈佛大学。第一次是从 1922 年到 1924 年。第二次是从 1942 年到 1946 年在哈佛大学暑期学校开设中文课，兼任哈佛中文组主任；同时主持美国国防部的陆军特训班项目 ASTP（Army Specialized Training Program），培训美国军人的汉语以适应二战的需要。了解赵先生生平的人大约都知道，尽管他曾在美国很多名校任教，如哈佛大学、耶鲁大学、康奈尔大学、加州大学伯克利分校、夏威夷大学，却独独未在普林斯顿大学任教。可是为什么普大却跟赵先生有着千丝万缕的联系呢？[①]说到此，就不能不提到一个非常重要的人物——普大著名的元明史专家牟复礼（Frederick W. Mote）教授。

牟复礼是哈佛大学暑期特训班的学员，而且是第一班第一名（赵新那、黄培云，1998：271）。战后，牟复礼到南京进修汉语，1956 年被聘为普大教授，创建了东亚系，并把赵先生在哈佛大学的汉语作为外语教学的方法全套搬到了普大（周质平，2010：247）。从此赵先生与普大建立起了密切的联系。在普大教授牟复礼、陈大端的推动以及赵元任先生的参与下，普大在 1966 年成立了中国语言学研究中心（Chinese Linguistics Project），[②] 每年在普大举行研讨会。一直到 1972 年，赵先生几乎年年赴普大开会、做报告，奠定了汉语教学的普大模式。1966 年明德学院成立暑期中文学校，赵先生的学生——明尼苏达大学刘君若教授首任明德暑期学校校长。不久后普大陈大端教授任校长，于是将普大模式引入明德暑期学校。陈大端卸任后，普大的周质平教授担任校长一直到 1992 年，对赵先生首创的普大模式加以补充和发展。周质平在明德校长任期结束之后，1993 年又与北京师范大学联合创办了普大暑期班（简称“普北班”），把普大模式引进了中国。[③]

① 据《赵元任年谱》，赵先生 1940 年 3 月 29 日第一次到普大给一年级学生讲中国语言（赵新那、黄培云，1998：252）。鉴于赵元任在汉语研究方面的贡献，普大在 1946 年成立 200 周年之际授予赵元任荣誉博士学位（赵新那、黄培云，1998：290）。

② 在酝酿筹备中国语言学研究中心期间，赵元任被聘为顾问组负责人。“中心刊物名称 Unicorn 也是元任式的：根据 CHInese LINguistic（中国语言学组）的 CHI 和 LIN 读起来音似‘麒麟’，再译成英文就成了 Unicorn 了。”（赵新那、黄培云，1998：428）

③ 谈到赵元任与普大的关系，还有一个重要的事情不得不提：普林斯顿大学早期汉语教学的教授们（如陈大端等）教授一年级汉语时，一直坚持使用赵先生首创的国语罗马字母。国语罗马字母（国罗）由赵先生创立，发表于 1923 年。国罗用拉丁字母的不同拼写方法来表示汉语的 4 个声调，如“妈、麻、马、骂”分别拼写为“ma、mar、maa、mah”。一声与汉语拼音拼写方法一样；二声中的 r，三声中的第二个 a 和四声中的 h，只代表声调，无表音功能。

由于这些教授的继承与发扬，赵先生首创的汉语作为外语教学法逐渐形成了一个特定的模式，习惯称为“普大模式”。这个模式可从以下五个方面见其梗概：

1. 课程设置（除特殊注明，以下都以一年级为例，因为一年级课程是最重要也是最基本的课程）：大小班、单班制。大班课（约25人一班，每周上两次课）主要是以讲带练，讲解语法，使学生建立起目标语的语法体系。小班课（约6人一班，每周上三次课）是一种操练课，主要是操练大班课上所讲的语法内容。单班课（普大名为“个别谈话课”，每两周一次课，每个学生跟教师约谈15分钟）是教师与学生一对一练习所学的语言，谈话在一种轻松的氛围中但却在教师的有意引导下进行。

2. 教师配备：一年级汉语课，大班教师由有经验的教师（如教授）担任，小班教师协助大班教师操练；其他年级的课都由讲师教授。每位讲师每学期最少教两门课，每周12个课时左右。除非特别的班级，如古汉语班，一般是至少两位教师教一个年级，其中一位教师是主任教师，协调本年级所有的教学工作，负责本年级的备课、每周安排、出考题、批改作业等，而其他讲师则协助主任教师，只负责操练课。在其他的课上，协助教师和主任教师的角色也可能互换，即：主任教师为协助教师，而协助教师则为主任教师。此种安排，一方面使教师的教学负担不至过重，同时两位教师在共同备课时又能想出更好的语法点和教法；另一方面使学生在同一课上可接触到不同教师的教学方法，使语言课不至于太枯燥。

3.教学方法：大班课以讲带练，小班课大量操练，也就是赵元任先生所提倡的“直接法”和“听说法”。由于一年级的课文都是由教师根据学生所需掌握的语法点编写的，在大班课上，便以课文的语法点为纲，以课文中出现的句子为范句，可用英语简单解释句法结构以比较汉语与英语结构的异同，目的是总结归纳出汉语语法的特点。然后根据学生所掌握的词汇，变换句子带领学生练习。

小班课是教师在黑板上先写好大班课上已经学过的句型或重要词语，运用词卡或图片，通过提问、指令、设置情境等活动带领学生操练所学过的句型与词语。小班课不可以用英语，基本上是以问答法为主导的语言练习课。

个别谈话课以所学的内容为引子，引导学生用学过的句型和词语说出生活中与此相关的话题。教师如听完学生的句子后，发现学生有错误，要加以改正。谈话结束时，把学生的错误（主要是发音错误）写在卡片上，交与学生让其回去后自己多加练习，下次谈话时再加以检查。

4. 教学程序，其中包含三个方面：

（1）备课会议：根据课程进度，大约一周一次，一次1～2小时；由本年级的主任教师主持，所有参与本年级授课的教师都须参加，大家一起讨论语法点和教法。备课会议先讲本周每次上课的进度，以求各小班进度相同；再讨论所应教的句型、词语和教法，以求各小班所教内容一致。普大的备课会议非常细致和周密，小到发音的轻重音，大到语法点的讲解，以及设计什么样的问题和方法引出并操练此语法点。如发音问题："生"在"学生"中要读轻声，在"大学生""中学生""小学生"中要读原声调。在教学中要特别注重实效性，如在讲"了"的时候，只讲"了"的两种功能：一是在动词后表示动作的完成；二是在句尾表示事态的变化。同时提醒学生，在初学阶段只用课文中和老师说的"了"字句，不要主动造"了"字句，因为初级学生造"了"字句，十有八九会出错。

（2）听写：一般在大班课上进行，5 分钟左右，考查当天要讲的重要句子或词语，目的是让学生课前预习本课的内容。①

（3）上课：提前 5 分钟进教室，把当天应教的句型和重要词语预先写在黑板上。上课时，教师尽量少说，让学生多练。

5. 教材编写与使用：普大一年级教材《汉语入门》由陈大端等人编写，借鉴和使用了赵元任先生编写的《国语入门》② 体例。除此之外，普大还编写了从低年级到高年级的几十本系列汉语教材。

以上非常粗略地概述了普大的教学模式。在赵先生女儿与其丈夫所著的《赵元任年谱》中，可以看到赵先生对普大模式中的大小班设置和教学法的影响："元任在哈佛大学、Radcliffe College 和麻省理工学院的中国留学生及家属中，选说北京话的人做助教（informants），并通过哈佛大学聘请他们。教材的编写、课文的录音、大班课的讲授由元任担任。小班（9～10 人一班）语言训练由助教担任，元任指导。在教学上则采用'听说法'和'直接法'，想方设法让学生跟所学语言多接触，多听多说。元任主持的 ASTP 班每天只有一个小时用英文讲解的大班课，余下时间则让学员听课文录音，或分成小班，由助教采用'直接法'训练学员的听说能力。换言之，学员绝大部分时间是听汉语和说汉语。"（赵新那、黄培云，1998：268-269）赵先生所设计的这套模式，有其独特的创新之处，也有科学的语言理论和教学法基础。

---

① 关于听写的要求，赵元任编写的《国语入门》第 21 课"听与旁听"中有一段话可为佐证："我现在照中国人平常说话的快慢说几个句子，你们听了给我一句一句都写下来。"（Chao，1948：69）

② 《国语入门》1948 年由哈佛大学出版社出版，改编自赵元任 1947 年出版的《粤语入门》。曾为赵元任助手的著名汉学家杨联陞引用一位评论者的话将此书誉为"一本天才教授给天才学生写的教科书"（杨联陞，2004）。

二、赵元任教学理念的理论基础

赵先生教学理念的形成和发展是他对当代语言学理论的消化和吸收，对当时通用的语言教学法的接纳与改良。正因为如此，赵先生能够结合汉语实际情况创造出适合汉语教学的教学法。

赵先生的教学理念主要反映在他编写的汉语教材《国语入门》和1959年出版的著作《语言问题》中。赵先生把汉语教学分为语音、语法和词汇三个主要部分，认为教学上也应按照这样的顺序进行。在这三个部分中，赵先生对语音格外重视，指出："发音的部分最难，也最要紧，因为语言的本身、语言的质地就是发音，发音不对，文法就不对，词汇就不对。"（赵元任，2003［1959］：126）他特别强调："起头儿这个目标（语音本身的学习）人人得要以百分之百为目标。"（赵元任，2003［1959］：127）这也就不难理解普大模式为何特别强调语音的准确性。普大有一句口号式的格言"一失音成千古恨"，所以从一年级起，普大模式对语音准确度的要求几乎是到了"病态"的地步。

赵先生认为语法教学也很重要，因为"语法也是影响全体的，因为它是概括的东西"（赵元任，2003［1959］：127）。在《国语入门》的绪论中，有很大一部分是谈汉语的语法结构的。[①] 赵先生认为词汇学习可难可易，"容易是因为一个词影响其他的部分不大厉害，没有像语音跟语法影响得那么广。难是因为学词汇你没有法子毕业的"（赵元任，2003［1959］：128）。可以看出赵先生的语法思想，尤其是他对语法和词汇的论述受到了结构主义描写语言学派的影响。[②] 如今盛行很多新潮语言学派，那么结构主义语言学派在当前的语言教学中还有没有现实意义？看一看今天北美大学在中国设立的两个月完成一年课程的暑期项目中所使用的教学方法，就不难得出结论。如果说现代语言学的研究滥觞于19世纪的历史比较语言学，那么结构主义语言大师索绪尔则把语言学的研究赋予了一个全新的、更加科学的意义。故此，索绪尔被尊称为"现代语言学之父"（苏金智，1999：47）。为解答人类为何可以记住复杂和精细的语言，在实际对话中很快生成所需句子从而完成语言交际这个问题，索绪尔构拟了语言系统中的组合关系和聚合关系，指出："我们的记忆常保存着各种类型的句段，有的复杂些，有的

---

① 赵先生的语法思想对汉语语法的研究影响很大。李荣根据《国语入门》的绪论部分编译成《北京口语语法》（开明书店，1952）一书；丁声树等编著的《现代汉语语法讲话》（商务印书馆，1961）也受到《国语入门》很大的影响（参见盛炎，1987：110）。

② 赵先生在《国语入门》的前言中自述"很明显作者受益于布龙菲尔德的语法理论（The author's indebtedness to Leonard Bloomfield on grammatical theory is obvious"（Chao，1948：VI）。赵先生的女儿也说"元任说Bloomfield教授在学术上对他影响很大"（赵新那、黄培云，1998：240）。布龙菲尔德是结构主义描写语言学派的代表人物。

不太复杂，不管是什么种类或长度如何，使用时就让各种联想集合（聚合关系）参加进来，以便决定我们的选择。”（索绪尔，1980：179-180）根据索绪尔的假设，人类大脑记忆中常存的是表示句法的组合关系，表示聚合关系的词汇在使用时按照规则加入进来。

索绪尔的这种构想在乔姆斯基的语言理论中得到进一步的发展。乔姆斯基创立的转换生成学派被称为解释性的结构语言学派。乔氏把语言体系分成了两个部分：一个是规则计算部分，另一个是词汇部分。句子的生成和词汇精密结合，通过一系列转换（或计算）规则，把深层结构转变为表层结构，然后才有语法正确的句子（后来的管约理论和最简方案，也不外乎词汇属性和句法结构两个方面）。由此可以看出，虽然索绪尔与乔氏理论不同，但对语言体系的理念是一致的，即语言是结构的体系，是由句法和词汇两部分组成的。而赵先生关于语法和词汇的论述也殊途同归——赵元任是中国语言学界的结构主义理论代表。

现代认知语言学和生理语言学为索绪尔和乔氏的假说提供了科学依据。心理语言学家乌尔门（2001a）通过对特定智障、脑疾病的研究，脑仪器对人脑的观察，还有对不同语言习得规则/不规则形式的研究，指出人脑在处理词汇和语言规则系统时使用不同的脑域，进而说明词汇、规则这两种记忆系统有很大的不同（图片及详细解说可参考第17页）。乌尔门认为语言系统有心理词汇和心理语法两大部分。心理词汇（mental lexicon）与陈述记忆（declarative memory，位于左脑颞叶）有关，主记语义、语音、词汇、不规则形式（如：write，wrote，written）；而心理语法（mental grammar）与程序记忆（procedural memory，位于左脑前皮层/基础神经结）有关，主记管约规则（rule-governed）、层级结构、词组、句子、规则变化形式（如：walk+ed）。乌尔门的研究从神经生理学上佐证了索绪尔和乔氏的假说，说明结构主义在当今的语言研究和教学领域中还有深刻的现实指导意义。

乌尔门（2001b）通过对不同语言习得规则和不规则形式的研究发现：在第一语言习得中，陈述记忆专司词汇，程序记忆专管语法，分工非常明确。而在第二语言习得中，词汇和语法都依赖陈述记忆。其中的原因就是第二语言习得者是把规则词作为一个词来记，用陈述记忆来记鲜明的规则，用规则来建立语言形式；而更多的练习可以帮助二语习得者掌握语法规则，逐渐地激活程序记忆，从而掌握所学语言。赵先生曾说：“在上课的时间，跟自修的时间，天经地义，就是想法子让学的人跟语言的本身接触。”（赵元任，2003［1959］：128）乌尔门的二语习得需“更多练习”的断语同赵先生所提倡的“直接法”异曲同工。

在课堂教学法上，赵先生受当时的“听说法（audio-lingual method）”影响很大。

“听说法”萌芽于20世纪40年代中期，其创始人是拉多（Lado）。“听说法”把语言习得看成是习惯形成的过程，而每个习惯的形成要靠反复训练，就像学习开车一样，所以强调模仿、记忆、替换、重复的练习方式。此法按照听、说、读、写的顺序安排教学活动，可是实际上更偏重听、说，重视口语练习、语音训练。此法教学理念的心理学基础是行为主义，认为刺激反应养成语言习惯；其语言学基础是结构主义，认为学生掌握了高度概括化的语言结构后，可以更快更好地习得目的语；语言结构的获得不是通过讲解，相反，是通过大量的练习而养成语言习惯的（朱永平，2008：30-31）。这种大量地直接与目的语接触的教学方法，我们将之称为赵元任的“直接法”。

三、赵元任的“直接法”

我们前面介绍过传统的“直接法”，这里我们再看看赵元任的“直接法”——有赵氏自己独特的发展。

1922年赵元任首次在国外哈佛大学开设中国语言课，把汉语教学逐步打造为以语言学理论为支撑的现代语言教学模式。《赵元任年谱》云：“元任历来主张用直接法。”赵元任的“直接法”影响了几代人的汉语教学。正如Light（1982）所说：“Let us not forget that Y. R. Chao was the pioneer in what is now the accepted mode of teaching Chinese.（我们绝不能忘记：赵元任是我们今天一直使用着的教学模式的创始人。）”（Light，1982）

什么是哈佛大学以至北美至今承袭的赵氏“直接法”呢？概而言之，即：

1. 严格区分语言学习和语言学学习。“在上课的时间，跟自修的时间，天经地义，就是想法子让学的人跟语言本身接触……在课堂上，千万不要耗费时间来争用学生的本国语言来讨论这个语言。那是另外一种功课，不是学外国语言的功课，乃是语言学的功课。”（Chao，1947）

2. “让游泳的人到水里去！”语言学习是一种技能训练，而不是单纯的知识学习。语言学习有如游泳训练。

3. 耳闻不如口读。赵元任说：“耳朵听了未必口就能说，必定要自己读出声音来，和耳朵所听见的比较起来，才能知道学得对不对，才能有长进的机会。所以学语言的，第一样要记得的就是‘耳闻不如口读’。假如能照这两句实行起来，就胜过看十本教科书，看一百遍说明，看一千遍序了。”（《国语留声片课本》自序）

4. 发音必须百分之百正确。“如果一个音发错了，就会影响成千上万的词的发音。就是说，音位错误是成倍增加的。因此，音位训练要从严，目标是百分之百，百分之

七十还不行。就是说要区分所有的音位。”（盛炎，1987）

5. 语音最难也最重要。用“听读法”和“朗读法”，先语音、后语法、再词汇是赵氏强调的习得的顺序。

6.“懂”语法和“会”语法是两回事；理解和运用是两种完全不同的大脑加工。如果只满足于理解那就等于还没有真正开始学习汉语。

7. 词汇记忆要从短语和句子入手，语音错误和语法错误是成倍增加的，词的错误是累计的。仅是词汇学习无法达到掌握语言的目的。

8. 注重标准发音，辅以方言训练。他所编著的本科教程及灌制留声片均采用了北京音系而不是人工国语。同时，“定期召集助教一起研究并指导小班教学。元任边教边编课文，并适当编进一些方言课文，便于学员接触一点中国的方言。《杂记赵家》介绍，所有的学生虽然有好的有次等的，但都能很好地说中国话”（赵新那、黄培云，1998：271）。

不难看出，我们在本书第一节提出的汉语教学专业的定义及汉语教师“教练”角色的定位，正是从赵元任先生的教学原则中发展出来的。所要指出的是：赵氏的教学传统并不止这些。那么，还有哪些呢？那些传统的做法在当代理论中赋有什么意义呢？这都是我们需要认真研究的重要课题。

四、旧法新证——赵氏方法的科学意义

自从赵氏创造“直接法”以来，半个多世纪语言学及二语教学的理论经历了一场乔姆斯基革命的疾风暴雨。暴雨过后很多传统的理论（如行为主义）都应风而倒。然而令人骄傲的是，赵氏创立的模式不仅没有被取代，反而益发显出强大的生命力。原因很简单，它有用！神经语言学研究的结果，更进一步证明了赵氏方法的科学性。请看图 1。（详论参见冯胜利，2007）

神经语言学的研究结果表明：语法和词汇的“习得、表示和加工”分属于两套大脑记忆系统，这就是前文乌尔门（2001a）提出的“陈述与程序模式（declarative/procedural model）”理论。这里对我们最重要、最有意义的发现是：

第一，外语学习的记忆方式是：构词、短语、句子均以词汇和语块的形式来记忆。这和以前我们对大脑把语法和词汇分开记忆的理解相差很大。简而言之，神经语言学的实验结果首先证明了赵氏“直接法”的正确性，因为在陈述记忆中“储存和提取”的量的多少，取决于习得者对第二语言“接触程度”的高低和多少。而“直接法”就是要把我们的教学焦点放在输入量和输出量上。

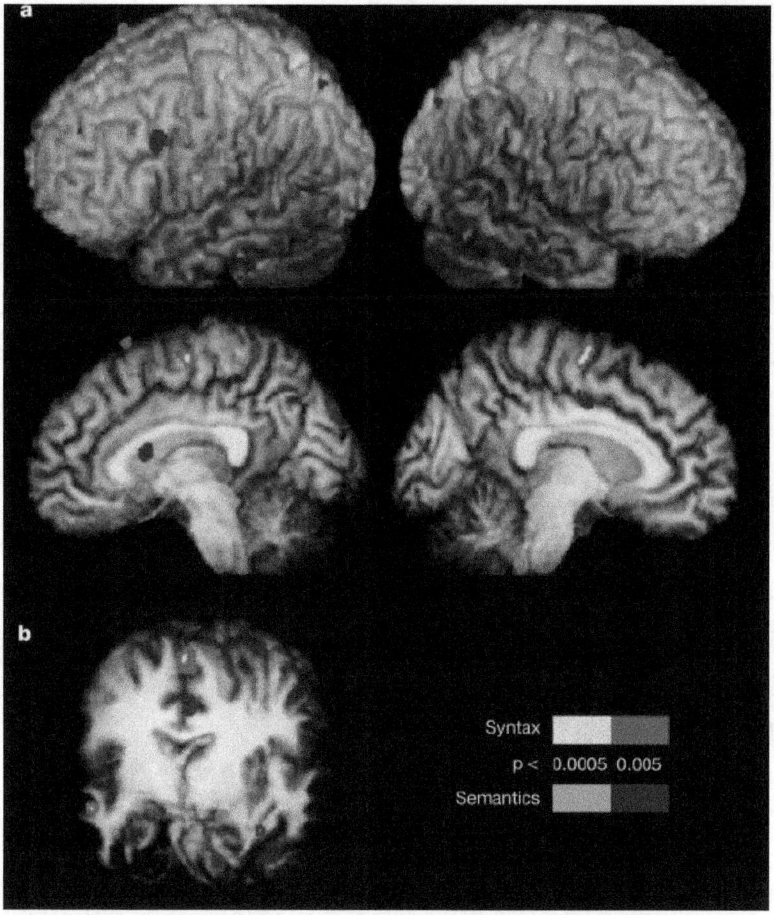

Figure 1 | **Haemodynamic responses to syntactic and lexical/semantic violations detected by fMRI.** Haemodynamic responses averaged over 14 subjects in a functional magnetic resonance imaging (fMRI) study. **a** | Syntactic violations elicited greater blood-oxygen-level-dependent (BOLD) activations than semantic violations, primarily in bilateral superior frontal gyrus, corresponding to Brodmann areas (BA) 6 and 8, including the supplementary motor area. Additional activations were observed in the left insula and right anterior superior temporal sulcus. **b** | Semantic anomalies yielded a different pattern of activation, with substantially more temporal and temporoparietal involvement than syntactic anomalies, in the angular gyri bilaterally (BA 39), the right middle temporal gyrus (BA 21), and left hippocampus and parahippocampal gyrus. Additional activations were found in dorsolateral prefrontal cortex and medial foci. Reproduced with permission from REF. 103 © 2001 Plenum Publishing Corporation.

图 1　陈述记忆与程序记忆在第一与第二语言中的作用

第二，与第一语言习得不同（自然形成），第二语言的语法是在教学环境中，通过陈述记忆有意识地学习、有意识地运用而达到的。毫无疑问，根据“直接法”设计的教学模式，教师必须学会课堂操练，通过大量的输入和输出来实现学生有意识的语法记忆。

第三，强化训练对程序记忆的作用是：接触训练越强，程序记忆的结果越好。由此可证，语言教师不是“传教士”——只说不练，而是必须像“教练”一样，才能给学生以强化的训练结果。

总之，在神经语言学研究成果的基础上，我们可以得出一个必然结论：练习量越大，使用量越高，语言能力和程序记忆的效果就越大。因此，操练时使用的目的语的“量”的多少，就成为能否学会、能否教好该语言的关键所在。不仅如此，根据赵氏的原则和神经语言学的科学成果，我们还可以进而提出如下外语教学的基本原则：

外语教学的理论和方法，如“游戏观（game-based approach）”“语用观（pragmatics-based approach）”“交际观（communicative approach）”“功能观（functional approach）”“能力观（proficiency approach）”“任务观（task-based approach）”等等，其优劣的鉴定与评断，均需以其能否带来或产生更多、更有效的“训练效应（practice effects）”为准则。（冯胜利，2008）

毫无疑问，赵氏的原则和乌尔门的发现向我们提出了一个更令人深思的问题：汉语教学的实践在半个世纪以前就已然领先，然而，为什么至今才有人把它科学化呢？新问题里包含着新课题：汉语教学的实践里还蕴藏着多少可以证明为科学的理论？此当今从事汉语教学与研究的人不得不深思而动者也。我们在本书中所提出的教学方法与理念，就是我们的一种努力尝试。

第四节　控制式联想教学法的普遍采用

北美汉语二语教学中的一个重要发展是“控制式联想教学法”（简称“控制法”）的创造和使用。控制法是依据赵元任的教学理念，对赵氏创造的、多位学者完善的北美传统汉语教学总结提炼而形成的一套课堂语言教学技能以及课堂教学管理方法。据《赵元任年谱》，赵元任先生特别看重维纳控制论，其中写到：“（1947 年 11 月）22—28 日，连续几个夜晚，有时甚至到凌晨，将诺伯特·维纳（Norbert Wiener）教授交给他的一本有关于控制论（cybernetics）的书稿（共 235 页）全部读完，认为该书很重要……他反复阅读并做笔记”（赵新那、黄培云，1998：297）；“元任对控制论很重视”（赵新那、黄培云，1998：328）。我们现在还不知道赵先生在多大程度上受到维纳“控制论”的影响，但我们从赵先生首创的汉语教学法中可以看出这套方法体现了“控制论”中“信息传递与控制以及反馈调节”的理念。从本书后面几章实际的课堂教学技能中，可以看出这些技能都是围绕着教师如何有效地、控制性地输入语言信息，使学生输出正确句子的课堂教学环节。当然我们这里所说的控制法与“控制论”不完全相同，只是吸取了其中的一些精髓。这里所说的控制法是指以学生为主、在教师控制下的教学法，其中还包括综合听说法、功能法等其他方法。控制法的指导原则为：最大化、最优化地使用课堂时间，强调学生是学语言的主体，课堂时间尽量用于学生身上。控制法的指导思想为：句法结构为纲，口语练习为主，情境应用为要。

一、控制式联想教学法的实际操作方法

控制式联想教学法在具体教学过程中强调的是什么呢？课堂上的活动基本是通过教师跟学生的互动完成的，而课堂活动可分为三个要素：启动（initiation）、回应（response）和反馈（feedback）。教师对课堂的控制主要是通过启动这一程序来进行的。教师通过提出问题和要求以得到学生的回应，并通过教师的启动程序来诱使学生说出正确的句子，确保学生的回应是正确的句子之后，教师对学生的回应给以反馈。

启动的关键是：活泼有趣，简短明了。反馈的要点是：简单清楚。具体步骤及环节，将在后面操练课技巧的章节中进行详述。

下面着重讨论控制式联想教学法的现实与理论基础。

二、信息处理的假设模式

控制式教学法认为语言教学是一个输入、信息处理、输出的过程，它参照“信息处理”的普遍特征，重视“输入”的程序。强调由教师控制输入，诱导学生输出正确的句子，其模式如下：

输入→信息处理→输出

三、语言习得过程的假设模式

根据信息处理的假设模式，控制式教学法设计出了语言习得过程的假设模式。在这一模式中，教师为信息输入者，而信息处理及信息输出的主体均为语言习得者，即学生。教师将目标语以语音的形式输入，习得者根据所接收的信息通过认知系统或联想能力进行解码处理后，再以语音的形式输出。信息中所含的语义成分习得者则要经过推理系统来解读，然后给出相应的语义输出。句法的输入与输出与记忆系统密切相关，也就是说，这是习得者根据记忆编码产出承载一定语音及语义信息的相关句子结

构。根据这一假设模式，有了语音、语义载体的句构，还未必能进行有效的沟通，这一语句还要经过语用的检验才能完成。具体过程如下：

输入	→	信息处理	→	输出
[教师]		[习得者]		[习得者]
[语音]		[认知系统（联想能力）]		[语音]
[语义]		[推理系统]		[语义]
[句法]		[记忆系统]		[句法]
[语用]		……		[语用]

教师的有效信息输入是提升授课质量的关键，这是教师可以自我控制的。如何备课，怎么才能上好每一节课，是我们必须潜心研究的课题。譬如，准确的语音输入就要求教师除了正确的输出外，还应了解相关音节所涉及的肌肉运动、发音器官配合等。若教师具备相关知识，掌握各个音节的发音技巧，那么学生的语音输出就不会那么困难。由于语义、句法结构及语用的输入都与认知推理、记忆系统有密切的关系，那么设计好相关教学环节就是课堂教学高效率的保证。从语义层面上讲，学生容易混淆的词语，如“维护、维持、保护、保持”的区别，我们教师在备课时必须找到容易让学生理解并记住的方法，设计出相关练习题，给学生提供足够的可以分辨其用法差异的例句。句子结构上的差别也是如此，如“飞机在飞机场上降落了”“飞机降落在飞机场上了”，介词短语一前一后，对语义有何影响？我们如何教？先教哪个？为什么？另外，语用功能及文化因素是否需要介绍给学生？如何介绍？课上还是课后？若课上教该占用多少课堂时间？这些都是教师需要周密计划与安排的。

此外，信息处理[①] 还应充分参照学生的认知能力。在这一点上，控制法强调可理解的控制式的信息输入，即“i+1”（Krashen，1985），“i”为当前的语言知识，“1”是现有知识与下一阶段知识间的距离；也就是说，在介绍新的句子结构时，应该用现有的词汇或结构导入，这样才能有助于学生的理解和掌握。我们所说的可理解的信息输入实际上是在教学中要照顾到学生的语言联想能力，这也是我们下面要谈的话题。

四、联想能力（associative ability）

索绪尔曾指出：“任何一个词都可以在人们的记忆里唤起以前可能跟它有这种或那

① 有关信息处理法的更多内容请参见 McLaughlin & Heredia（1996）。

种联系的词。”（索绪尔，1980：175）词汇的联想建立常常会在相邻概念范围内产生和扩展。譬如，一提起“饭馆儿”一词，人们就会联想到“筷子”“刀叉”“服务员”“菜单”等等。一般不会联想到“邮票”“信封”之类的词。因为“饭馆儿”和“邮票”“特快专递”缺乏有机的联想关系。下面我们来看两个有关“吃”和“吃饭”的联想图例。

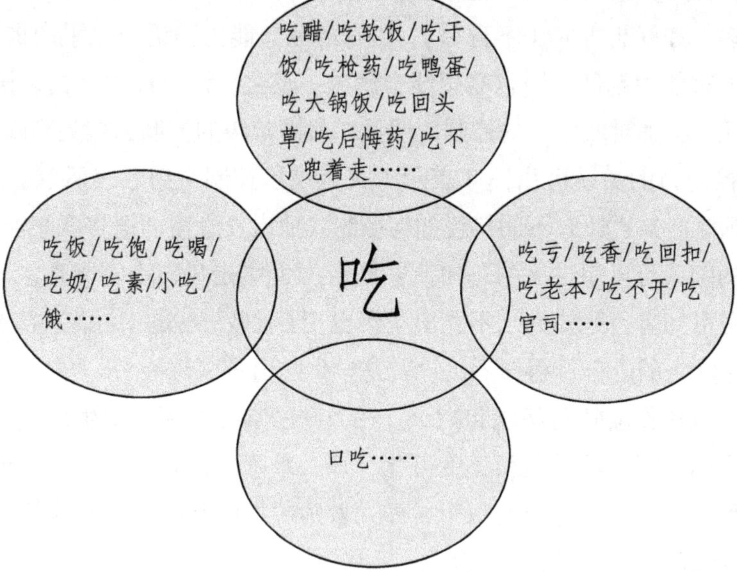

图 2　词汇联想

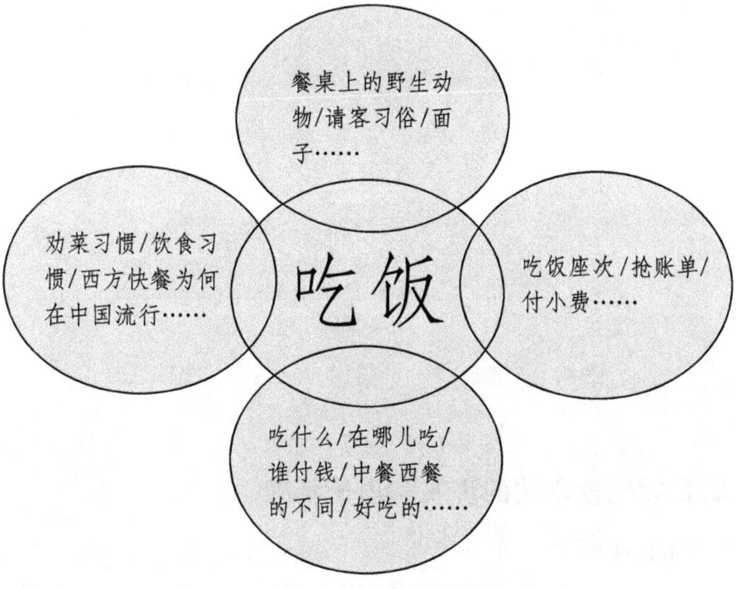

图 3　主题联想

就联想来说，它有以下特点：

（1）没有确定的顺序；

（2）没有特定的数目；

（3）没有特定的方向。

根据这些特点，我们可以通过提问、诱导来掌控和确定联想顺序（不跳跃）、联想数目（不贪多）和联想方向（不盲目）。语言的联想能力随语言水平的提高渐次增强，即：学生的语言能力越低，语言联想能力越差；反之，语言能力越高，语言联想能力越强。基于此，教师对低年级的控制力明显；对高年级的控制力较为隐晦。语言能力、联想能力与控制力的关系可由图 4 表示（灰色表示控制，白色表示联想）。明了了这种关系，教师就能知道针对不同年级如何控制式地启发学生的语言联想能力。简言之，控制与联想的关系可以用古人的一句话来概括："丸之走盘，横斜圆直，计于临时，不可尽知；其必可知者，是知丸之不能出于盘也。"（杜牧，《樊川文集》卷十）我们可以将"盘"比作学生的语言百科知识，也就是学生的语言联想能力。"丸"是提问或指令的动力素，可以比作教师的问题和指令，在教师的掌控之下。学生语言能力各异，反馈自然五花八门，课堂活动也就千变万化，那么教师的课堂提问、指令也就相应地千差万别。但无论如何，结论只有一个，即：教师的提问和指令，不能超出学生的语言联想能力，也就是"丸之不能出于盘"。

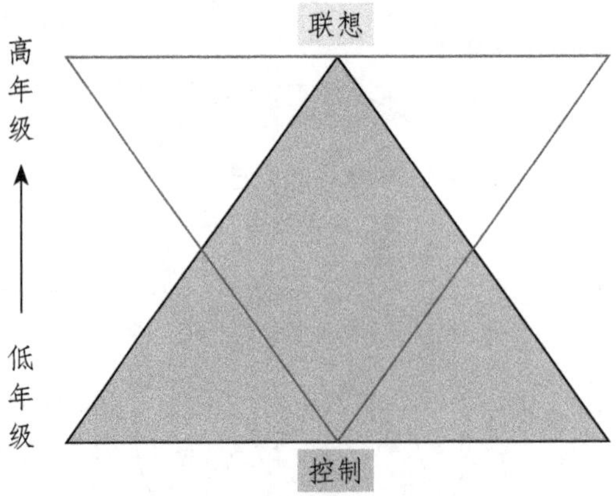

图 4　语言能力、联想能力与控制力的关系

五、控制式联想教学法的现实和理论基础

1. 控制法的实效性

我们必须认识到第一语言和第二语言习得过程的不同（参见前面神经语言学的相

关证据）。第一语言可以在生活场景中自然获得，而第二语言却是在教室里获得的。课堂时间有限，最大化、最优化使用教学时间显得非常重要。控制法贯彻经济省力原则，特别注重“输入”层面的方法。再者，接受对象不同。第二语言习得者以成人为主，他们具有逻辑思维能力，理解能力很高。控制法要充分考虑到学生的认知思维能力。此外，第一语言和第二语言学习者的知识和能力不同。语言是一种能力。控制法强调“精讲多练”以提高学生的语言能力。考虑到实际课堂教学时间，我们可以清楚地看到为什么“精讲多练”是大学汉语授课的关键。美国大学生四年学汉语的课时为：

5 小时 / 周 ×15 周 = 75 小时 / 学期

75 小时 × 8 学期 = 600 小时 ÷ 24 小时 / 天 = 25 天

假设一班 10 个学生，一个学生大学四年里只有 2.5 天说汉语的机会！因此，学生能够用汉语表达的时间相当有限，教师有责任，也有义务尽量为学生提供练习汉语口头表达能力的机会。根据美国外语学会统计，外语达到流利程度，印欧语（法语、西班牙语）需 480 小时；而罕用语如阿拉伯语、汉语则需 1320 个小时。可是我们大学四年实际授课时长仅为 600 小时，远远低于 1320 小时的标准。故汉语就更应加强说话训练（口语练习为主）。汉语难学，教法尤为重要。研究发现，学生一天最多可以习得 50 个左右的词语，那么教师应控制词汇量输入，低年级汉语课可以控制在一天 30 个左右的重点词语。语法点应控制在一天 15 ～ 20 个左右。而课堂时间的控制表现在学生多说，教师少说。同样重要的是教学节奏的控制，事实表明，保持一定的节奏有助于唤起学生的注意力，提高教学效果。

2. 控制法的信息处理理论和实验研究的依据

逻辑推理常用以下三种方法：归纳法（induction）、演绎法（deduction）、诱展（或溯因）法（abduction）。既然大学生具有成熟的逻辑推理能力，那么在教学方法上就要考虑到学生的逻辑推理能力。在逻辑推理上，类比 / 类推法（analogy）比较普遍。譬如，英语“learn”的过去式以前是“learnt”，但大多动词的过去式是动词加“ed”，由于类推作用，“learn”的过去式现大多写成“learned”；而新造的动词过去式都是加“ed”，如“googled”。正因为类推的作用，习得者也常常会根据母语的句法来类推第二语言的句法。如受英语的影响，学生会说出以下句子：

I study in the library.

*我学习在图书馆。

与儿童语言习得不同，成人是通过明确的结构学习新的语言的。因而，句型练习就是帮助学生建立目标语的规则。正像我们可以采用分类归纳法做以下算式：

8 + 6 + 9 + 4 + 7 + 1 + 2 + 3 + 5 = ?

按10归类排序为，1+9+2+8+3+7+4+6+5=45，就会很容易得出答案，在句型中练习词汇时也要把词汇分类，易于记忆。

应该注意的是语言习得偏误往往与逻辑推理纠缠在一起。因此，在课堂上，我们不提倡学生进行无教师指导的自由对话练习。不做无目标句式结构操练的小组练习，原因在于若一个学生说出错句“* 我很病”，学生配对或小组练习时会繁衍此病句。其同伴可能会说出“* 我也很病”“* 我们都很病”。那么，学生为什么会出现这样的错误？这和语法生成与逻辑推理中的诱展法有密切的关系。

诱展法最早由哲学家 C. S. Peirce 在1931年提出，特点是：推论的前提都没有错，但结论错了。下面请看诱展法推理的事例：

（假定一个不熟悉菜名的顾客在饭馆儿点菜）

顾客：你能不能给我推荐一个菜？

服务员：你来一盘蚂蚁上树吧。

顾客：怎么？你让我吃虫子？

这位顾客推导出的结论就是用了诱展法，其推理过程如下：

服务员向他推荐了一个菜叫蚂蚁上树　　（结果，前提1）

他知道蚂蚁属昆虫类　　（定律，前提2）

因而得出：服务员想让他吃有昆虫的菜　　（结论）

在上例中两个推导的前提都没错，但顾客却得出了一个错误的结论：服务员推荐他吃有昆虫的菜。这个错误是由于受限于这位顾客的局部经验（不熟悉菜名）。

在第二语言学习过程中，也常常可以看到语言习得者在推理过程中使用诱展法生出新的句子或语法规则。比如，错句“* 我很病”的产生过程可能会是这样：

“sick”在英语中是一个形容词　　（前提1，如：he is sick）

形容词在汉语描述句中没“是”但要加“很”　　（前提2，如：他很高）

因而得出：I am sick = * 我很病　　（结论）

在上例中，两个前提都是对的，然而却生出了错句“* 我很病”。这种推理过程是从个人的经验中来的，和所学的语法点相近，是一种局部区域迁移，是联想能力的表现。由于语言习得者的语言水平有限，所以常常会发生这样由诱展推理产出错句的现象。在教学中我们就要阻断这样的诱展推理，要防止这种迁移发生。教师一旦发现学生进行这种错误的语法规则推理，就要赶快纠正，将之消灭在个案之中，不能使其泛滥。否则，学生互相影响会形成一个语法规则，就会出现“* 我很醉”“* 你很对”“* 他很错”这样的错句。在配对和小组练习中，就会传染给别人。我们所提议的不做配对和小组练习就是要切断这个推理程序。也就是说，课堂活动要在教师的掌控之下。

然而，不同的课型所使用的逻辑推理方法是有差别的。如，在大班课型上，教师可以采用归纳法。通过图片控制，我们可以让学生生成以下句子：

他在饭馆儿吃饭。/ 他在饭馆儿喝茶。/ 他在饭馆儿看书。→

他在图书馆看书。/ 他在教室看书。

在替换操练后，教师可引导学生归纳出以下句型：

S 在 PW + V

但在小班课型上，我们鼓励教师使用演绎法，与大班课反其道而行之，教师事先在黑板上写上句型“S 在 PW + V”后，再开始用词卡或图片进行替换操练，达到巩固掌握该句型的目的。

他在饭馆儿吃饭。/ 他在饭馆儿跟他的女朋友一起吃饭。

由于大班课和小班课都是人为痕迹过重，也就是说教师的控制过于明显，语言的运用在某种程度上讲，过于刻板。那么个别谈话课作为一种补充，[①] 教师应在一种自然的、轻松的环境下和学生进行一种综合性的、实际的、功能性的会话练习。大班课、小班课、个别谈话课与年级设置、逻辑推理模式、语言理论的关系可以大略概括如表 1：

表 1　课程设置与年级设置、逻辑推理模式、语言理论的关系

课型	年级	逻辑推理模式	语言理论
大班课	一、二年级为主	归纳法为主	结构主义为主
小班课	一、二年级为主	演绎法为主	结构主义为主
个别谈话课	所有年级	综合法	功能主义为主

3. 加强短期记忆，巩固长期记忆

研究证实人脑通过不断重复信息以达到强化短期记忆的目的。如新华网曾做如下报道：

新华网柏林 3 月 23 日电（记者班玮）日常生活中人们常常会有要短时间记住新电话号码或初识者姓名这样的短期记忆需求。德国和英国科学家最近报告说，他们首次用科学测量证实人脑是通过不断“回放”需记忆的信息来强化短期记忆的。

德国马格德堡大学日前发表公报说，科学界一直猜测保持短期记忆是通过人脑对

① 人为控制的课堂一般是通过教师的教学技能使之活跃，产生其他方法（如任务教学法等）多不可及的实用效果。

信息的不断复述实现的，但是这一猜测一直没有得到科学证实，原因是以很高的时间精度“破译”人脑活动在技术上存在很大难度。马格德堡大学和伦敦大学学院的研究人员最近做到了这一点。

他们首先用脑磁图仪记录下了一些实验对象在短期记忆风景照片细节时的脑部活动，随后又用一种“多元模式分类器译码算法”破译了这些脑部活动代表的信息，进而证实实验对象在努力进行短期记忆时，有关照片信息在脑中被不断“回放”。

这一成果已被美国《当代生物学》杂志发表。

（来源：https://news.qq.com/a/20100324/002520.htm）

我们从中所得到的启示是大量的、强化性的练习（flood input）用以增强短期记忆，通过“重复性”渐进式的操练，达到巩固长期记忆的目的。

第五节　汉语教学中“三一语法”的提出①

从前面章节中我们看到：北美的汉语教学特别注重课堂的效果；那里的二语习得是通过课堂上教师跟学生的互动来完成的。那么教师如何在课堂上控制和启动课堂活动这一程序呢？一般方法是教师提出问题让学生回应。这套方法如何程序化和理论化？“三一语法”就是这方面的一个新发展。

一、什么是“三一语法”

“三一语法”是一种新型的二语教学语法体系，其基本框架包括句子的形式结构、结构的功能作用、功能的典型语境这三个维度，它们彼此独立而又相互联系，构成一个有机整体。这种三维一体的语法系统，体现了“场景驱动、功能呈现、法则匹配”这一教学法上的科学性，既有很强的实践价值，同时也有很大的理论意义。

“三一语法”的基本结构和主要内容是：

1. 句子的形式结构；

2. 结构的功能作用；

3. 功能的典型语境。

① 本节内容源于冯胜利、施春宏（2011）“论汉语教学中的‘三一语法’”，《语言科学》第5期。另参见冯胜利、施春宏（2015）《“三一语法”：结构·功能·语境——初中级汉语语法点教学指南》，北京大学出版社。

分别来看，上述三点中的每一点，在海内外教师的教学实践中，都或多或少、在这儿在那儿地有所涉及；尤其是句子的结构，凡教书者均有所涉及。功能学派的二语教学法也比比皆是。表面看来，“三一语法”是把坊间两个不同学派（形式和功能）的主张糅合在一起。然而，需要指出的是：仅凭形式和功能两方面的学说不能产生“三一语法”，“三一语法”是“三”，不是“二”。因此，尽管“三一语法”的前两个方面是形式和功能，但如下文所示，“三一语法”中的形式结构不是形式句法中的“原则和参数（principles and parameters）”，也不是一般结构描写中的形式层级与关系；“三一语法”中的功能，既不是认知语法中的“象似性原则（iconicity principle）”之类的认知原则，也不是一般意义上的功能语法中的信息结构安排。“三一语法”中形式和功能这两个方面虽然基于学界对于形式和功能研究的基本认识，但根据教学需要而又有所调整和发展；同时还将语境也看作语法的有机组成部分。“三一语法”的三个方面各有侧重，但并非简单杂糅，而是将教学语法所包含的几个方面有机地整合在一起，共同构成服务于二语教学的语法教学体系。“三一语法”的每两个方面都是相互作用的，同时三者之间又互动共存，递相为用，统一于一个整体之中。

“三一语法”中的“形式结构”是概括形式句法中“原则参数、格位、论元”等以及结构主义成分分析理论而提炼出的“主体结构分析法”——句子和短语是依照虚词和实词在句中的语义特征和语法作用组织安排的，而不是按照所谓“普遍语法（universal grammar）”操作的结果。

“三一语法”中的“功能作用”不完全是按照功能主义的功能原则来说明句子和短语的组织方法，而是参酌功能学派的研究成果，从中提炼出“结构的语体用途”，亦即该句结构在汉语里是“干什么用的”——这里的功能“不管结构，重在用途”。

“三一语法”中更具特色的是第三维：功能的典型语境。这是我们直接从教学实践中总结出来的一个新范畴，它必须以功能实现的场景典型性以及教与学两方面的适应性为前提，所以这里的“典型语境”不是语言分析和语言教学中所谓的一般语境，也不是简单地指汉语使用者最常见的语境。它的所指是有特定条件的，是根据教学对象的认知经验、二语习得的特定阶段和语言教学的生动便捷而归纳出来的“教学型”语境。

因此，“三一语法”的三个维度是一个系统中彼此独立而又相互联系的三个新的子范畴。从实践上看，“三一语法”的基本主张是：

（一）语言教学中的每一个教学点，无论是词项式语法点（如“了”和“都”）还是句型式语法点（如“‘把’字句”和“名词谓语句”），以及特殊语块式语法点（如“一……就……”和“都……了”），都必须从上述的三个维度来考虑；

（二）对教师而言，任一语法点，均须三维地分析和理解，三维地准备和讲授；

（三）对学生而言，任一语法点，均须三维地习得和理解，三维地使用和记忆。

需要特别指出的是，我们提出的“三一语法”是教学语法，不是“教学法”。换言之，“三一语法”的三个方面都可以通过不同的教学法来实现和完成。所以，敬请读者不要把它们混同于教学法。

二、教学语法何需“三一”

语言教学要教语法，但为什么语法教学要“三而合一”（形式、功能和语境三者合一）的形式呢？我们知道，就教学实践而言，形式和功能如同一张纸的两面，自然不可偏废的。马神武（James D. McCawley）曾经说过，如果研究胃而不管它的消化功能，恐怕难以得其真谛。同理，研究人的眼睛而不管它的视觉功能，也很难得其本质。基于这种思考，虽然从事语言教学的硕士或博士的学科训练是形式句法或功能语言学、社会语言学，但在汉语的语法教学上，则需要“形式–功能”珠联璧合的教学技能和实践。这不难理解，因为“每种结构均有功能，每种功能皆有结构”。语言教学必须“形式–功能”两兼而不能偏废。这样“体用兼备”才可以做到事半功倍。然而，做到“体用兼备”就能满足二语教学的需要和解决二语教学中的问题了吗？换言之，让学生知道了句型（以及各种结构类型）的结构和功能，他们就会用了吗？

就学生而言，掌握句型的体和用，充其量是让他们知道了“是什么”和“干什么”的问题，然而，还有一个“在哪儿用”的问题。很可惜，这个问题长期以来没有引起人们的重视。

就教师而言，知道了所教句型的结构和功用，仍然不能保证该教师可以在课堂上把该句型的结构和用途富有成效地教给学生。在教师培训中，最头痛的问题是教师不知道对给定的句型“从何教起”，亦即不知道“该句型应当怎么教”。

有鉴于此，为解决学生“语言习得脱离实际”的问题，为解决教师“语言教学无从下手”的问题，我们把语境加到“教学语法”中来，于是形成三维一体的语法系统。这个新的教学语法体系原名“三维语法”，后来经反复讨论后定名为“三一语法（Trinitarian Grammar）”。

三、为什么“三维”是教学语法的新体系

结构加功能，并不新；教话要有语境，也不稀奇；然而，将三者有机地融合为语

法体系，这还是第一次。三者之中的每一方面，也和以往的理解和要求有所不同。

首先，语法不能没有结构，教学语法当然也就不能不讲结构（二语习得和一语习得不同，后者可以不讲或少讲结构）；然而，问题是怎么讲结构。由于每个语法点的形式结构最终都体现为某种句子型式，因此为了说明方便，下面以“句型”来说明。当然，这里的句型不但包括传统语法教学中所说的句式，而且也比一般教材中所言的句型要宽泛得多。在语法教学中，凡是句子的结构型式，都可以视为句型。

以初级阶段的“把”字句教学为例。“把”在传统句法里是“介词”；在形式句法里可以分析成“轻动词（light verb）”或者“助动词”，在形式语义学中则可以分析为“表界标记”。教学语法必须根据这些成果将其结构（的属性和条件）概括得既全面又简单。譬如：

［**形式结构**］A＋把＋B＋V－R/PP

［1］B须是有定的NP；

［2］V须是行为性动词；

［3］V的后面要么带一般补语（R），要么带地点性成分（PP）。

一个句型的“形式结构”应当包含两个部分：一是该句型的基本结构形式（符号简明）；二是对该结构特征的说明（要求清楚、明了）。上面的三条说明是根据学界以往和新近的研究成果归纳而成的（当然，这还只是基于基础教学阶段的需要而做的结构分析）。这三点都与语义和句法有关，其中第一点和第三点还表现出韵律上的要求。“形式结构”的内容跟下面的“功能作用”有一定的对应关系。注意，这里“结构”要点所关注的是该结构教学的一般要求，因此该结构的特殊用法、拓展用法或变形的用法，都不是基础教学语法所要涉及的对象。这种做法在海外叫作“地滚球”式的教学法。“地滚球”是美国普林斯顿大学汉语组前主任陈大端先生提出的一个极其重要的教学语法的原则，可惜未能引起学界足够的重视。其基本思想是：任何句型的教授都要根据二语习得者的背景（其母语、接触或学习目标语的年限及水平等）以及该句型的结构语义规则来决定该句型的中心点及连属的内容。恰如“铁球滚地”，其辙深辙宽（该语法点的中心要点和连属内容）取决于草地的土质（二语习得者的母语）和承受力（水平）；最关键者，球滚的辙迹不可能和球的直径一样宽（亦即，不能教授该句型的全部内容和知识），否则就不是“地滚球”而成了“落汤鸡”。

下面看“把”字句的功能：

［**功能作用**］“把”字句是用来表达：

［1］物体的移位；

［2］行为引发的结果。

形式结构是“体”，功能作用是“用”。因此，“三一语法”的“功能”不完全是功能语法的“功能”。“三一语法”的功能要解决的问题是“该结构在交际中是干什么用的”，不是功能语法通常研究的“该结构是如何在功能作用下形成的”。该结构是不是因为某种用途才形成这样的构型的，不是我们关心的对象（那是功能语法学家的事）；教学语法关心的是“这个形式在交际中是用来干什么的”。譬如，“把”字句在交际中是用来干什么的？功能语法没有把它当作目标来研究，教学语法以前也没有专项研究来讨论这类问题。我们建立的“三一语法”则是以这个问题为目标，给出每个句型的实际用途。显然，“三一语法”的“功能”要比功能语法的“功能”具体、现实得多。而唯其更具体、更现实，才能满足或实现教学语法的目的。

无疑，上面“把”字句的两个用途是我们从最新的功能语法的研究成果中提炼、概括出来的。有了这个概括，我们就可以简洁地说：汉语里的“把”字句是用来表达“物体移位”和“行为结果”的。有人会问：这样概括“把”字句的用途是不是太窄了，太偏了？因为“把”字句的传统分析是“处置”，现在怎么不“处置”了？其实，“处置”这个术语在语言学上虽有精炼之处，但在教学语法上却非常含混——教师明白，但学生很难明白，尤其是西方学生。因此“处置”不能满足我们上面说的“简洁”的要求。其次，根据张伯江（2000）、张旺熹（2001）等人的研究，“把”字句的语义核心是位移，而“位移”或“移位”的概念非常具体，容易让学生理解和把握（尤其是基础阶段）。因此以“移位”为“把”字句的作用不是“偏”而是“正”。再次，位置移动则有变化，有变化则有结果，因此“把”字句的第二个作用说成是“表达行为引发的结果”，这也可以概括“把”字句的其他（或将来再学）功能（施春宏，2010）。这样看来，上面概括出的两个作用，大体可以成立。重要的是，它能让教师和学生知道“把”字句是干什么用的。当然，研究确定“三一语法”的“功能作用”，是一项非常繁巨的工作，研究者不仅要熟悉该句型的句法语义结构方面的已有分析和语言事实，同时还要根据二语习得的规律选择和制定该句型不同功能的主和次。在这方面，我们需要并期待有更多、更深入的后续研究。

特别要引起注意的是，我们说“把”字句的功能是移位，并不等于说“把”字句在实际语言应用时或者在描写位移事件时，比其他句式用得多。大家知道，一个语义概念可以用不同的语法格式来表达。同义或近义句型之间的使用频率的高低，和该句型的功能作用是两个不同的问题，不能混淆。因此，我们说“把”字句的主要功能是“移位”，并不意味着没有其他表移位的句型，更不意味着“把”字句移位的使用比其他移位句的使用频率就一定要高。

同时还要清楚，知道了“干什么”并不意味着就知道了“怎么用”。这是我们最近几年在教学中发现的“教学语法”中最重要的问题之一。由此，我们进一步思考的问题是：教学语法是不是截止到“语言本身”就完成任务了呢？以前学界似乎没有提出过这个问题，因为以前的教学语法都截止到语言本身，语言之外的问题似乎就不是语法所管的了。所以，尽管教学语法为的是教学，它却不管语言之外的教学问题。然而事实是：句型结构和功能全都掌握以至纯熟了以后，教师未必就知道怎么教或从哪儿教起，学生也未必知道怎么用或在哪儿用。这实际上就是“懂”和“会”的关系问题，“懂”(理解)未必“会”(能够使用)，只有“会”了才算真正地“懂”。教学的根本目的是“会用”。常见的现象是：熟悉语法的教师上课时滔滔不绝地讲语法，学过语法的学生下课以后却沉默不语，不知所用。前者是按捺不住地告诉学生教师所学的语法知识；后者是苦不堪言地学无所用。有鉴于此，我们突破教学语法的传统，把语言本身(形式和功能)之外的“语境”这一要素也加进来，不仅让形式表现出其固有的功能，同时让功能有发挥其作用的典型场所。这就是“三一语法”中的“典型语境”的来源。就“把”字句而言，它使用的典型语境是什么呢？我们的设计是：

[**典型语境**]是和移位/结果有关的：

[1]搬家。例如：

他把电视机放到了桌子上。

他们把家具搬走了。

[2]整理房间。例如：

把脏衣服都扔到了床底下。

你去把桌子椅子摆整齐。

功能实现的场所多种多样，而“三一语法”体系里面所提炼的语境必须是最典型与/或最极端的，而且这种语境是基于学习者的认知经验和习得阶段的。前者是逻辑的产物，后者是教学的需要。二者合则两美，离则两伤。从这两者出发，我们制定了如下“提炼典型语境”的原则：

A. 该句型出现频率最高的场景；

B. 代表该句型结构功能最典型的场景；

C. 描述该场景的词语为习得者已学者；

D. 所描述的场景与习得者的生活有关者；

E. 该场景便于/适于课堂教学者。

当然，这些提炼典型语境的若干原则之间有时并不能完全协调，如就“把”字句的使用整体而言，A跟C、D未必一致。但我们认为，“把”字句的习得是有层次性的，依习得者不同学习阶段而有所不同。基于此，我们的处理策略是，在满足特定阶段习得者基本条件的情况下提取出现频率最高的场景。其他相关原则之间也需视此生成不同的协调策略。

不难想象，有了“典型语境”这一维度，教学语法才可以做到“语言与教学”相互结合，“学生与教师”彼此互利，“理论和实践”天然合一。

四、“三一语法”的实践价值和理论意义

“三一语法”说到底是世间物质三维属性的自然表现。理论上说，任何物质不能没有结构；天下不存在没有结构的功能，因此没有结构就没有功能。然而，任何物质都有和其他物质的关系，因此有对其他存在的作用。从这个意义上说，没有无作用、无功能的结构（物质）；换言之，没有作用和功能的结构，没有意义。然而这只是物质的二维性，任何存在（或物质）均有其时空性，这就是物质的第三维度。很简单，没有时空的“结构 / 功能”无法存在。任何事物都是这样，语言也不例外。因此，不存在没有功能的语言结构，也不存在没有结构的语言功能。“体”是原生的，“用”是派生（或孪生）的。体和用都必须在时空中才能存在/生存。大的时空是宇宙，小的时空是语境。因此“形式”“功能”和“语境”是不容分割的三维一体的自然产物。

“三一语法”是教学语法，因此它的意义首先是有利于教师。对教师而言，顺序必须是先弄懂结构（有无形式句法学或结构语言学的训练关系到结构的对否），然后搞清楚该结构的功能（懂不懂功能语言学关系到能否概括出准确的用途），最后是典型语境（有无课堂操练的经验关系到能否找到典型可用的语境）。

实践上，教学语法直接方便教师，直接益于学生。“三一语法”的初衷直接源于让学生受益的考虑。从学生的习得角度来看，三维的顺序与教师的教学角度相反。学生学习某一句型的程序是：先（明显地）从语境开始，再（隐示）功能，最后（明确地）点明结构。毫无疑问，这种次序符合人类普遍的认知过程和策略，亦即：场景具体，功能适切，结构明确。不仅如此，它还是二语操练课堂上的典型程序：以情景导入句型，用问题喻示功能，用答案点明结构。语法教学，教师不仅要把学生讲懂了，更要让学生练会了，而且还要快速地懂，高效地会。“三一语法”不但能让操练课多快好省，同时便于让习得者直接入境，而且也让教师少说废话。由此可见，“三一语法”具有自身“场景驱动、功能呈现、法则匹配”的教学法上的科学性。

从语言学的角度看，“三一语法”的研究，直接对理论语法的研究有促进作用。譬如，“三一语法”把理论语法变成教学语法时，可以在一定程度上检验其理论的优劣。又如，“三一语法”的研究可以补充理论语法的不足。如“真好”和“好人”都可以说，

但“真好的人”不能说。显然，这里不是简单的结构对错问题（比较：“挺好的人”可以说），而是因为“真”用于对事物做肯定性评价，带有夸张口气；而定中结构中的定语成分往往不能出现用作主观评价的成分。同时，“三一语法”还可以发展理论语法。如“学生多”“老师好”这样的单个形容词做谓语的句子，一般不能单说，而一旦将它们用于对比、比较的语境中，就可以了，如“学生多，教师好，学校的操场也不小”，这是汉语韵律结构对语法的制约使然（冯胜利，2005）。

对功能语法来讲，“三一语法”同样可以促进其研究的深入。譬如，对“是”的功能研究，在“三一语法”的指导下，可以重新考虑汉语的“是”究竟和英语的“to be”有什么作用上的不同。又如，就句型研究而言，功能语法研究特定句型所表达的功能，但这并不等于分析该句型是干什么用的。在把功能语法发展成教学语法的同时，可以发掘出语言中的其他用途。如功能语法未曾关注“使用中的语体问题”，但语体也是“三一语法”的“典型语境”中不可或缺的成分之一。有趣的是，语体一变，语法就不对了。譬如：

*今天爸爸给我买和读了一本新书。

*昨天领导组织大家买和看了新版宪法。

今天爸爸给我购买和阅读了一本新书。

昨天领导组织大家购买和阅读了新版宪法。

所以，语用维度里必须标明和学会下面的内容：“V 和 V（+宾语）”是口语里不能说而书面语里则可以用的句法格式。尽管如此，韵律结构上仍有限制，必须是“$V_{σσ}$ 和 $V_{σσ}$（+宾语）”（“σ”表示音节，“$V_{σσ}$”表示双音节动词，后文同）的形式。其实，这种形式非到了书面正式语体里才能使用。（冯胜利，2010a）有的语法项目，功能基本一致（如“为”和“为了”），但语体不同。我们可以通过不同的例子（这是语境的体现）来展示其差异，以强化学生语体语法的感觉。语体是相关语境的进一步抽象概括。

总之，没有结构，无法说明句子“是什么”的问题；没有功能，无法说明“干什么用”的问题；没有语境，无法说明“在哪儿用”的问题。学生在学习“把”字句的结构的时候经常会问：“老师，‘把’字句是干什么的？”在“三一语法”的帮助下，教师可以简洁地回答：“‘把’字句是表达‘移动物体’时用的。”并用搬家、整理物品等场景中的情况为例，来说明“把”字句适用的典型语境。“把”字句当然还有其他的功能和用途，但对初学“把”字句的学生而言，这里的“移动物体”就够了——这就是语言教学中的“地滚球”原则。

有先生指出：“如果‘把’字句被局限为纯为位移服务的形式，或者‘行为’结果的句式，那么教师们恐怕很难解释下面这样的句子‘我不小心把书丢了’，这里没有位移，也可能什么具体行为都没有，书就不知道哪里去了。这类句子恐怕在教学中会经常遇到，就是在一、二年级的教材中也不乏见。”我们认为，这里牵涉到教学语法的性质问题。教学语法和理论语法最大的不同是，前者以教学效果为标准，而不是以“语言理论的科学性”为标准。两者都追求真理，但是前者的真理靠第二语言的习得效果来验定（理论再准确，学生学不会，就是失败），后者的真理靠第一语言的语言创造来验定（理论再完美，没有“生新排误”的能力，就是失败）。具体而言，教学语法的“把”字句不会把“我不小心把书丢了”当作标准的“把”字句来教（经验不足者例外）。它是二期甚至三期“把”字句语法的内容，因此其功能作用和一期的“把”字句不同。在教学上，分开处理比理论语法的“统一解释”要科学得多。这正是“地滚球”原则的具体体现。

第六节　如何在教学中使用“三一语法”

从“三一语法”中最能直接得益的就是课堂教学。如果说有的教师在以往备课中对“哪些语法内容必须讲解”的问题还不甚清楚的话，那么有了“三一语法”的体系，教师备课就不可避免地要从三个方面去考虑一个句型的语法问题：结构是什么？用途是什么？典型的语境是什么？当然，这不仅是备课的问题，同时更是讲课的问题。换句话说，在“三一语法”的原则体系下，语法教学（语法课）就不仅仅是以前那样只教授句子结构的做法了，教师还必须把该句结构功用讲解清楚。当然，如前文所述，谈句子的功用离不开场景，而句子（或句型）使用的场景不止是日常生活的，同时还有工作的、会议的、对外国人的、对领导的等不同话语场所。“三一语法”在教学中要考虑的功能语境至少要包括语体的内容。因此，“三一语法”的基本框架包括以下内容：

“三一语法”
- 形式结构
- 功能作用
- 典型语境 / 语体
  - 正式—非正式
  - 庄典—通俗

毫无疑问，“把”字句使用的“搬家语境”是非正式的语体 / 语境；而使用“进行”

一类词汇的社论文体，则是正式的语体语境（如“把”字句跟“将”字句的区别之一就是，“将”字句一般用于正式语体，如“将革命进行到底”“将盐少许放入汤中”）。语法结构不能脱离语用和语体而抽象地存在，因此，语法教学也不能再像以前那样割裂式教学。

不仅语法课在“三一语法”模式的原则下要进行适当改革，语法操练课更可以直接从“三一语法”模式中得到训练效益的提高。首先，句型操练的类型和原则跟以前不同了。很明显，传统的操练是让学生反复轮说所训练的句型，或部分，或全部。至于用该句型说什么内容，则因教师的知识、情趣和经验的不同而不同。今则不同，句型的结构和该句型的功能必须结合起来一起练习，而保证能够“结构—功能”同时两兼的是典型语境的使用——在典型语境中，功能跑不了，结构走不开，该方法可被视为三维一体的“立体习得法”。请看：

教师：宿舍太乱了，同屋的父母要来，你怎么整理呢？床上的袜子怎么办？

学生：袜子放到柜子里。

教师：用搬东西的句型怎么说？

学生：把袜子放到柜子里。

教师：非常好！地上的报纸呢？

学生：……

教师：椅子上的书呢？

学生：……

教师：桌子上的鞋呢？

……

可以看出，教师没有告诉学生“把”字句的功能是“移位”，也没有讲解“把”字句的功能是什么。然而，就在师生的问答之中，学生全都在这个“立体习得法”之中，学会并掌握该句型的结构、用法和使用环境。无疑，这是“三一语法”的好处所在——它可以“寓讲于练”，功能在语境中呈现，结构在功能表达中体现。注意，传统的“句型操练法”没有把语境作为操练的必需要求，因此课堂只要训练了学生说句子，如“他把饭吃了”“他把书拿走了”等等，就合乎要求，完成了课堂教学和训练的任务。然而，什么时候、什么地方、做什么事用这些句子，则不在“句型操练法”的规定范围之内。正因如此，才有“出了教室，不会说话”的弊病。“三一语法”的“最佳语境”法，正是为了克服、避免这个弊病而设计的。我们相信，虽然这个理论刚刚建立，但是其效果将在日后的实践和定性、定量的测量中得到充分的证明。

“三一语法”对教师的另一个好处是，直接解决了句型操练时“导入”的困扰。没有经验的教师在语言教学中最大的困扰就是如何“在不说出所练词句的情况下，让学生大量、自然地说出所要练习的目标词语”。缺乏经验的教师不知道怎么办，所以只能用“造句法”让学生生造。当教师知道了造句法最不可用的时候，就开始东拼西凑，五花八门，弄不好，一堂课稀里糊涂，草草了事。一般说来，一个新手没有一两年的努力，很难得心应手地导入所练句型。其实即使是有经验的教师，也常常有困惑的时候。负责教师培训的主任教师都知道，所谓教师训练，其实很大程度上就是培训教师如何学会操练的导入技能。在这一点上，“三一语法”的“典型语境”为解决导入问题提供了一个现成的工具。事实上，典型语境就是导入语境，它的内容就是为操练课的导入而设计的。

当然，我们这里呈现的只是一个基本的上路的门径、方向，并非相关问题的指导大全，更非教学标准。实际上，这里更多的是一种观念的启发和操作上的提示，教师在具体教学场景中甚至可以找出更好的解决策略。

第二章　汉语教师的基本素质及课堂训练的基本功

第一节　汉语教师的基本素质

做一个教二语的汉语教师并不容易。他不仅要是一个训练有素的专业人员，同时也要是一个有行为准则的、代表国家和民族的职业教师。因此汉语教师的基本素质的第一条就是品德。

一、品德与个性

一名合格的二语教师最基本的素质是他的品德。诚实、敬业、实事求是，是所有优秀教师、成功学者的基本条件。一个人品德上出了问题，就像一辆汽车，马达坏了，其他部件再好也没有用。作为一个教师，首先要公平公正，这是教师品德的表现。公平公正就是要对学生一视同仁。这表现在教学中的方方面面。譬如，为了避免枯燥，我们不鼓励按座位顺序叫学生，但在具体练习过程中，教师要让每个学生都练到，而没有偏向之心。如果教师只让个别学生参与，就会给学生留下不公正的印象。做教师而心存偏向，也是教师本人的品德问题。

教师的品德很重要，教师的个性也是教师素质的重要方面。人的个性各有不同，但作为教师，沉默寡言的个性是不适宜的，而活蹦乱跳、语无遮拦的性格，也有失教师的尊严。语言教学要活跃课堂气氛，要调动学生学习的积极性，教师上课就要有“精气神”，同时言谈举止既要幽默又要表现出符合教师身份的教态。下面介绍几个有关语言教师个性的重要方面。

1. 仪表端庄

仪表端庄是尊重学生的表现。当今社会虽然不压抑张扬的个性，但并不是说就可以不分场合地彰显个性。行有行规，身为教师，应注意自己的形象和衣着。不能衣着暴露，如果教师身着露脐装，那么势必会分散学生的注意力。虽然教师要具备演员的素质，但不是说要身着奇装异服来抢“镜头”。一切不利于教学，分散学生注意力的装束、言行，都不是仪表端庄的表现。因而，教师的衣着应该大方得体。

2. 风趣幽默

教师不仅要严肃认真地对待课堂教学，更应该在课堂上风趣幽默，让课堂气氛轻松活泼，这样才能更好地调动学生的积极性。一般说来，一堂课至少要让学生笑五六次。要做到风趣幽默，初学的新手不妨从以下两方面入手。

第一，要了解学生。在备课时，根据学生的情况，将个别句子用到学生身上，会让人感到诙谐有趣。比如，你知道班上某个学生特别喜欢游泳，在练习“宁愿……，也……”的时候，你就可以这样设计：

教师：我宁愿不锻炼，也要给大家上汉语课。你呢？

学生A：我宁愿不上汉语课，也要去游泳。

教师：你呢？

学生B：我宁愿天天都上汉语课，也不去游泳。

教师：他说什么？

学生（合唱）：他宁愿天天都上汉语课，也不去游泳。

第二，要善于“引用学生自己的话”。如果教师不了解学生，怎么办？办法是记住学生有趣的句子。上课时，偶尔借用一下，也会起到意想不到的效果。比如，课堂上有个学生如果说过“我天天都想有钱！”那么练习下面句型的时候，你就可以借用一下：

目标句型：最……

教师：谁最有钱？

学生：……

教师：我们班谁最有钱？（顺手指一下那位学生）

做到风趣幽默需要一个积淀的过程，教师要在生活中注意信息收集，了解不同文化之间的差别，知道世界发生的大事，细心观察。在高年级课堂上，有些教师讲的汉语笑话，学生根本不笑。因为学生不了解语言背后的文化。作为汉语教师不仅要熟悉自己本国的文化，还应了解世界不同国家的文化。

3. 机智细心

好的汉语教师也是半个心理学家，能够察言观色。课堂上，教师提问时该叫谁不叫谁；改正学生的错误时能不能当时见成果，是揪着不放，还是点到为止；如何处理学生说出的令人尴尬的句子来缓和课堂气氛；等等。这些都需要一定的智慧。所以，教师要站得高一点，不要跟学生斤斤计较（因为如前文所说，语言教师是教练，而不是阿姨、保姆）。既要放得开，又要细心观察，把握学生的心理承受度，这样才能在课堂上得心应手。

课堂训练体现了教师的综合素质。对于课堂的节奏和气氛的掌控，对于学生的熟悉程度，对于突发情况的反应，教师除了要认真充分地备课外，还需要一定的技巧。本章第二节将就提问、纠错、控制课堂节奏等方面进行详细的介绍。

二、知识结构

知识结构是教师素质的第二个重要方面。以往的经验告诉我们，一个优秀的语言教师的知识结构至少包含下面三个方面的知识。

1. 扎实的汉语语言学和语文学的知识

做一个合格的汉语教师不仅要具备语言学的一般知识，而且要有语文学的基础知识。一个音段、一个语素、一个句子成分、一段话语，其结构如何？会不会分析？这是语言学知识的问题。一个词，知道不知道它的本义和引申义？知道不知道它在遣词造句上的功能？文体上的作用和文学上的来龙去脉？这是语文学知识的问题。当然，能否在此基础之上努力把自己培养成一个会钻研问题的学者型的语言教师，就要看个人的努力程度了。

2. 现代历史和现代文学的基础

语言离不开文学，教语言而不懂文学，不是一个合格的语言教师，无论一语教师还是二语教师。我们知道：到了高年级，语言教学将不可避免地遇到不同语体和文体的书面语材料，它们都与现代或古代的中国历史和文学有直接联系。因此，历史、文学、语言融为一体，一个语言教师所具有的知识结构可以让其准确地了解和掌握口语体、官方正式体、学术正式体、文艺体，甚至文白交融体的语言表达和艺术。我们知道：高年级的教材一般都是以经典的文史杰作为内容的，没有这方面的知识，以“己之昏昏”，是无法“令人之昭昭”的。

3. 对学生母语知识的了解

汉语教师知识结构里面的第三个方面是对学生母语知识的了解。“知己知彼，百战不殆”讲的是打仗，但教授语言也不例外。对学习语言的人“因材施教”的一个重要前提，就是知道他/她的母语是什么样的“材”，才能“因材施教”：对象是美国人，教师应该懂得英语；对象是日本人，教师应该懂得一些日语。这就是教师的外语能力。有的教师说，汉语教师不懂外语，反而会有更好的教学效果，可以用沉浸式教学法。这种说法是片面的，因此我们要反复强调：不懂学生母语，教师无法做到“知己知彼”、得心应手。相反，教师如果懂得学生母语，具有一定的外语能力，就能准确判断出学生出现的错误及其根源。如果学生说“* 我想知道你要是明天能不能来（I want to know if you will come tomorrow）”，那么懂英语的教师就可以告诉学生，英语中处于从句句首位置的“if”，在汉语中没有相应的位置，不应该出现。又如，当学生说“* 要是你的女朋友不喜欢咖啡，就你不要给她买咖啡（If your girlfriend doesn’t like coffee，then you don’t buy her coffee）”，我们应该明白此句的错误同样是母语负迁移所致，因为英语中“then”位于主语前。再如，在学习主谓结构做定语时，我们可以明确告诉学生，汉语的主谓结构做定语与英语的定语从句有以下不同之处：

① 语序差异：汉语的定语位于被修饰词之前，而英语的恰恰相反。

汉语	英语
我喜欢的人	the person whom I like
主谓结构做定语	定语从句

② 英语中有关系代词或关系副词，而汉语没有。

汉语	英语
我喜欢的书	the book which I like （关系代词）
我想去的地方	the place where I would like to visit （关系副词）

如果教师有相关的外语知识，就可以很快判定错误根源，对汉语教学可以起到推进的作用。

掌握一定的外语知识除了可以预测错误外，还有利于语法的解释。在解释语法成分时，汉语说不清的话，一句外语就解决了问题。譬如，学生有时会说出一些让我们觉得不太对，但又没有语法错误的句子。

教师：我想要一份牛肉，你呢？

学生：猪，我爱猪。

教师：You eat pig or pork?

学生：我爱吃猪肉。给我一份猪肉吧。

教师：What about chicken?

学生：我也爱吃鸡肉。

此外，要是英语能力强的话，在组织操练替换的时候，可以用英语抛出替换项，让学生回答，可以节省时间。如：

目标结构：V+O 的 NP

教师：我喜欢喜欢我的人，你呢？ the person who loves my dog

你呢？ the teacher who likes me

你呢？ the person who likes reading

又如在讲解让学生十分头疼的情态补语（predicative complement）和可能补语（potential complement）两个句式的语义差别时，最好的解决方式就是用英语进行解释：

你跑得快不快？ Do you run fast or not?

你跑得快跑不快？ Can you run fast or not?

另外，作业或考试中，也常有翻译方面的题目，因而教师必须在中英双语互译上有一定的训练方能适应汉语教学。

以上三方面的知识结构，对语言教师来说，应该缺一不可。知识是没有止境的，因此上面这些知识越多越好。有了这三方面的知识结构就有了自己教授语言的基础，教师才能更好地在教学过程中发现规律，总结经验，把学生的问题变成研究的课题，才能在教学中走出自己的路子，能脚踏实地、一个词一个词、一个句型一个句型地钻研和琢磨，不断创新，找到适合自己和适合学生的方法。

第二节　汉语教师的基本技能

汉语教师不仅需要一定的语言本体知识，还必须具备一定的教学技能。这些技能不仅包括教学上的，如操练技能，还包括一定的研究技能和创造技能，下面我们具体谈一谈作为一名汉语教师需要哪些技能。

一、操练的技能

汉语教师在汉语作为外语教学的过程中所扮演的角色应是教练，因此操练技能是汉语教师需要掌握的首要技能，具体包括“短、平、快”。这里的“短”是指简单，“平”就是清楚，“快”则是指节奏快。

1. 指令简短

具体而言，“短”说的是教师指令，也就是教师在操练时对学生使用的语言要简短，能用一句话说清的，就不用两句。如操练“一……就……”，下面的指令是不恰当的：

A. 解释性的：一件事情开始了，另一件事情也就发生了，怎么说？

B. 造句式的：用“一……就……”造句。

其中指令A过长，而指令B学生无法理解句式的意思，因此无法进行操练。我们不妨直截了当地说：“我一上汉语课就很高兴。你呢？”简单介绍清楚背景后，马上用“呢字问”让学生自己造出预先设定好的句子，这才是有经验的教师常用的方法。

2. 清楚明了

所谓的“平”是指教师的指令应该清楚明了。如果不按常理出牌，或说出一些怪异的句子就会让学生感到莫名其妙，不得不猜测教师的意思。如在练习“……，不VP不行”这一句型时，有位女教师脱口就说：“上洗手间，得做什么？”虽然这位教师提示了用黑板上的句型，但学生还是一头雾水。犹豫了一会，反应快一点的学生说：“上洗手间，不关门不行。”教师摇头说：“还有呢？”又有学生猜道：“上洗手间，不洗手不行。”这位教师还是不满意，提示道：“手纸呢？”对于美国学生，洗手间有手纸是理所当然的。再说，若是男同学，即使上洗手间，也未必一定要用手纸。这样的导入，势必引起操练的中断。究其原因，是思路怪异导致指令不清。如果在备课时，建立合适的范句，就能避免这样的问题。同样的句式，如果教师说：“学英语，不学字母不行。学汉语呢？”学生就会很快接上：“学汉语，不学汉字/拼音/语法不行。”所以，范句或问句是指令清楚的关键所在，在备课会上，一定要根据“三一语法”的要求，就教案内容逐句进行讨论，以避免出现类似的不当情况。

3. 保持节奏

“快”是说操练课的节奏要快。“快节奏”是操练课的最高境界。但这里的“快”并不仅指速度，而是指课堂上安排紧凑，发出有效指令，操练中过渡顺畅自然，在有限时间内，完成重点句型及词语的操练并且突出重点。我们所追求的“快”不是语速或流利度，而是在指令简短清楚的基础上，追求流畅的节奏。节奏有强有弱，何时强，何时弱，何时快，何时慢，教师要做到心中有数。一般来说，在建立范句时，应该说得相对慢一些，这里的慢，也就是强。比如：

目标句型：S到PW去/来VP

教师：下课后，你到哪儿去看书？（过渡问句）

学生A：下课后，我到图书馆去看书。（范句导出）

教师：下课后，他到哪儿去看书？

学生 B：下课后，他到图书馆去看书。（范句强化）

教师：一起来。（在合唱的同时，教师在跟说时，可以稍微加快语速）

全体学生：……

教师：再来。

全体学生：他到图书馆去看书。（掀起高潮）

教师：你呢？（指 C 同学）你呢？（指 D 同学）（教师注意使用“呢字问”）

这样，单说（弱）合唱（强）皆有，快（单说）慢（范句建立）结合，自然会使得课堂节奏明快，强弱分明，高潮迭起。

一般说来，一堂课的成功与否要看是否能够引起学生的注意力。教师通过节奏的控制，吸引学生的注意力。若一堂课好比一出剧的话，那么一堂课的程序可以简括为以下几个步骤：

（1）序幕：热身（warm-up），选择十几张重要卡片，大家快速齐读。卡片的最后一张应联系教师所要建立的范句。如范句为“王朋是一个美国大学生”，最后一张卡片应该是“学生”。

（2）铺垫：通过问句向小高潮的过渡进行铺垫。如教师问“你是不是学生？”学生回答“我是学生”。再问这个学生或别的学生“你是不是美国学生？”直到引出范句“我是一个美国大学生”。

（3）小高潮：金字塔的建立。我们可以通过领读、合唱的方式建立金字塔。若我们的范句是“王朋是一个美国大学生”，那么此句的金字塔结构如下：

学生

大学生

美国大学生

一个美国大学生

是一个美国大学生

王朋是一个美国大学生。

当引出范句时，我们可以通过合唱引发教学中的小高潮。这些方式可集中大家的注意力，同时有助于记忆。

（4）舒缓 / 铺垫。有时，范句的建立或引出不是直接完成的，我们可以通过以下步骤完成。

①点读：选学生重复范句，以此检查学生的发音和句子的正确性。

②提问：“你是不是一个美国大学生？”学生的回应为“我是一个美国大学生”。若发音准确，句子无误的话，我们应及时提供反馈，如“很好”。之后，可转问另一个学

生“你呢？”(用“呢字问”)，如此几遍。

③合唱：显示这个范句告一段落，将要进入到一个新的句型。

④转换：提问“王朋是一个美国大学生，你呢？”如果学生回答出了教师心中的范句“我也是一个美国大学生”，教师便可带领大家再合唱。

⑤高潮：经过前几个小高潮的铺垫，选择一个比较精彩的范句，主要是使用合唱法，节奏加快，声音提高，激发学生的热情从而达到高潮。

⑥尾声：通过情景练习和简短讨论来舒缓节奏。

特别要注意的是：学生的注意力一旦集中了，课堂效果便会显著提高，节奏也就能够快起来。然而，学生和学生不一样，班级和班级也不同。有的时候，教师费尽了力气，速度就是提不上来。怎么办？这里我们教给大家几种保证“快”的方法：

第一种叫“压句问”，也就是教师压着学生答句的最后一个字提出问题。如：

学生：我星期天除了写作业，还上网聊天。

教师：(指另外一个学生)你呢？

教师问句的“你”要与学生答句的“天”同时发出。一个学生答完后，仍然用“压句法”提问另一个学生。这种方法可以保证课堂训练的速度提高，学生兴奋而有序。如：

教师：来中国以后，你看到的中国和你想象的有什么不一样？

学生：中国不但不贫穷，反而很富裕。

教师：(指另外一个学生)你呢？

教师问话的“你”要在学生回答“裕”的同时说出来。这种办法可以造成“紧张气氛”(教师控制好节奏，不要给学生太大的压力)，是提速的一个好办法。

第二种是使用合唱法。这样也可以提高学生回答问题的速度，但必须保证合唱的句子是正确清楚的。独唱与合唱要搭配进行，基本原则是独唱三四次要合唱一次。

第三种是藏拙法。忘记教案时，不能当着学生的面看教案，可寻找各种机会用各种方法隐蔽地看教案，如可在合唱时扫视教案。

第四种是领读法。用领读法来提高速度，带动气氛，是非常见效的。领读时教师要加快语速，以此带动学生的语速。但领读不等于和学生一起读，领读语句的长短以是否能提高学生的速度为标准，而且不能是全句领读。

第五种是跳回法(先跳过去，再回来)。当某一学生回答不上问题出现卡壳时，不要一直等，而要重新选定其他学生来回答，然后再让刚才没有回答上来的学生再回答一次。如：

教师：中国经济发展了，中国会发生什么变化？

学生A：随着中国经济的发展，中国……（卡壳了）

教师：（重新指定学生B）你怎么看？

学生B：随着中国经济的发展，中国的国际地位越来越高。

教师：（再次指定学生A）你来/再说一遍。

学生A：随着中国经济的发展，中国人民的生活水平越来越高了。

不要跟着学生的速度走，时刻提醒自己：教师是课堂气氛的控制者（类似教练或节目的主持人）。

上面说的是操练技能，下面我们介绍肢体语言的技能。

二、善用肢体语言的技能

在组织教学时，教师的肢体语言也是教学技能之一，它与课堂的教学质量有着密切的关系。肢体语言一般有如下几个方面：

1. 微笑。进教室时，要面带微笑地和学生打个招呼。鼓励学生时，面带微笑也可以强化效果。下课时，可以面带微笑说再见。同时，教师也要学会控制自己的情绪，不能当某个学生说出有趣的句子时，自己笑得前仰后合。

2. 声音洪亮，富有激情。声音洪亮并不是说声音越大越好，声音的大小应保持在让人可以接受的范围内。因此，教师应根据具体人数的多少、距离的远近、谈话的内容来决定声音的大小，不能在四五个人的课堂里，为了保证气氛提高音量，用给一百人讲话的声音来讲话。教师必须具有能够根据具体环境选择恰当语气的能力，站在学生的角度考虑，评价自己的语态是否正确。

3. 眼神。教师在上课时，应该与学生有一定的眼神交流。否则互动是无法完成的。但要注意的是，由于教师的习惯，会下意识地忽视左右两侧的学生。在这种情况下，上课时，教师可以稍微移动一下所站位置以环视全班。问题提出之后，指定学生回答之前，用眼神扫视每个学生，用眼神向每一个学生发问。

4. 手势。眼神扫视过每个学生后，用手势指定某个学生回答，手势的发出必须在眼神发问之后，手势要简洁，不可过快，手势做出后，稍微停顿一下，再收回。

5. 体态。注意身体的倾斜度。如在指定某一学生回答问题时，身体可以向前倾斜一下，倾斜度以小于45度为宜。

6. 脚步。不能一直固定在某一个位置上不动，要适当走动；走动时，可适当靠近学生；停止走动时，双脚必须踏地站稳，不能单脚脚尖点地。

7. 站位。教师站的位置，要保证看到所有的学生，不能因为提问第二排的学生，就站在第二排的学生面前，把第一排的学生排除在自己的视野之外。如果教师紧挨着学生，会让学生感到不安。因而教师的站位，既要使自己一目了然，看到教室中所有的学生，又不能挡住学生的视线，同时，教师的身体也不能挡住黑板或教学课件。因此选择最佳站位及活动范围也是教师应该考虑的问题。

8. 切忌坐着教学。有的教师认为坐着上课可以和学生平视，从而显得更有亲和力。在语言课上，这种情况要尽量避免。坐着上课很难有效地进行课堂教学。因为教师必须站起来写板书，指黑板上的句型。如果手拿卡片的话，也很难保证所有的学生都看到。因此，优秀的语言教师是不会坐着上课的。

三、解说技能

教师不但要能够判断错误，还要能给学生讲明错误的根源，这就需要教师的讲解简洁明了、一语中的，而且在回答学生的问题时也是一样。比如，在教词语时，可给学生英语的关键词。例如，讲解“争议”和“争论”的区别时：

这个问题有争议。

* 这个问题有争论。

当这两个词无法用汉语简洁明了地解释清楚时，可用英语进行解释。

第一，教师要搞清楚这两个词在英语中的对应词，“争论”为“argument”，“争议”为“controversy”，这一点教师应在备课时准备好。用汉语无法很快解释清楚的情况下，教师可以给出英语翻译。但需要注意的是，这种方法只适用于低年级。

第二，要讲清词的搭配对象。“争论”和“争议”各自的搭配对象是什么？搭配至关重要，它涉及中英文对应词的外延（denotation）和内涵（connotation）的不同，这一点如果解释得不好，会导致学生将中英文对应词完全等同。如：

有争议、存在争议、无可争议、引起争议、毫无争议、饱受争议……

争论不休、无休的争论、无谓的争论、激烈的争论、毋须争论 、不再争论……

第三，教师应该列出哪些可以与该词搭配，哪些不可以搭配。要做到这点，教师必须在备课时做足工作。

第四，在操练课上，教师应尽量避免长篇大论的解说，耽误学生说话的时间。这时，教师的解说能力非常重要。有经验的教师可以做到“一口脱”式的解说——用一两句话完成解释，这很见教授的功夫。

第三节　课堂训练的基本功

一、训练三方式

我们将课堂的训练方式归纳为：提问、单说（独唱）、合说（合唱）。所谓的“提问”并非为了解惑或检查学生是否明白老师的意思而进行提问，而是通过提问引导学生用目标句式或结构来练习说话，使其掌握该句式或结构。

提问在汉语课堂教学中至关重要，某种程度上讲，能否有效启动这一环节是教学成败最重要的因素。因此，提问技巧是启动环节中不可或缺的动力元素，要得到师生互动热烈顺畅、课堂气氛活泼生动之效，必须先对所练内容了然于胸，对所提问题设计缜密。要使课堂问题妙趣横生，切中要点，学生反应热烈，踊跃抢答，秘诀无他，即：明知故问，知而少言。

“明知故问”，是对学生所掌握的语言知识了解透彻。如何提问能使学生联想到所学过的词语、语法点，教师要思考如何针对学生的语言知识有意地设立相应问题，找到提问切入口，激发起学生说话的欲望。

“知而少言”，意指课堂时间有限，教师少说一分钟，学生就多一分钟说话的机会，一减一加，精妙提问的最高价值就在于以短问换回学生的长答。

故掌握“明知故问，知而少言”的提问技巧，可使课堂教学生动有效，活泼热烈。因此，这里的提问与一般的提问在目标、目的、方式上都有所不同。

第一，目标不同。提问是要通过某种方式引导学生使用目标句式或结构来练习说话，使其掌握该句式或结构，所以关键在于学生在回答时组织使用语言的过程，而提问则是引导学生使用所学句式或结构的一种方式。如操练“不但……，而且……”“虽然……，但是……”时：

教师：你觉得中国菜怎么样？

学生A：我觉得中国菜不但好吃，而且便宜。

教师：日本菜呢？

学生B：日本菜虽然好吃，但是有一点贵。

教师：日本车呢？

学生C：日本车不但好开，而且便宜。

教师：美国车呢？

学生D：美国车虽然好开，但是费油。

……

通过上述例子，可以看到教师的每个提问都是有目标的提问，并不是真的要知道学生的答案。

第二，提问目的不同。提问的目的是最大限度地让学生多说话，而且所说的话要有意义，要带有目标句式或结构。所以教师的提问一定要简单清楚，目的明确。提问的具体原则请参见“提问三原则”。

第三，提问方式不同。提问方式非常重要，直接影响到提问的效果，进而影响到学生回答问题的效果，也就是练习的效果。提问的方式看似与一般的提问没有什么差别，但是在汉语教学中，问题提得要有意义、有效果，还是需要一定技巧的。提问的具体技巧也将在第四章第二节中详细介绍。

单说与合说需要结合起来使用。单说（独唱）即单人练习，合说（合唱）即多人合练。两种练习方式应在课堂中交互进行。从点到面，再从面到点。先用单说，让单个学生单说一遍标准句子，然后再将此句作为练习材料大家一起合说来达到共同练习的目的。但是教师在结合这两种练习方式时常会不知不觉地依赖合说。因为合说快，既可以节省时间又能达到让所有人都练习的目的。但是在中低年级的小班课中一定要保证单人练习至少占到课堂练习的七成，合唱练习占三成即可。

二、提问三原则

在以上三种训练方式中，提问是重中之重，也是十分需要技巧的一种训练方式。这里，我们将提问方式概括为三个原则：简单清楚、难易适度、幽默有趣。

第一，简单清楚。简单就是提问简短，不做大段陈述铺垫。问题直截了当，切中要害。清楚则是要让学生知道怎么回答。课堂上的问题最忌过长过难。因为课堂练习时间十分有限而且非常宝贵。如果问题过长过难，学生弄明白问题就得花上好几分钟，再等他们组织语言回答，课堂节奏势必会减慢。在一个学生身上花费过长时间就等于浪费其他学生的时间，课堂效率大为降低。所以教师的问题一定要简单明了，所使用的新句型、新词语也最好从最基本的形式开始。比如，一年级在练习“是……的”句时可以先问“今天早上你是几点起来的？”“今天你是怎么来教室的？”“你是和谁一起来的？”等等，而不是“你上个星期天参加玛丽舞会的时候是几点到的？”虽然教师把多个语法点、新词语都融合进了这个问题，但学生（水平较高的学生）先要花至少两分钟理解问题，再花两分钟组织语言，最后还要花一分钟（不算其中改声调的时间）说出正确的句子。一个问题在一个学生身上至少要花 5 分钟，这种节奏对一个 50 分钟、7 ～ 9 个学生的课堂来说，就毫无效率可言。所以要先从简单明了的问题入手，在学生熟悉了基本说法以后，再根据学生的掌握情况加入新语法和新词语，使问题难度逐渐提高。下面的这个例子是一个小班课堂提问的基本模式：

教学目标：颜色的说法。

结合练习：关于衣服的词汇。

教学步骤：

①热身：用翻译法快速复习关于颜色的词语。

教师：怎么说“red”？

学生：红色。

教师：yellow/green/black/blue……

②结合简单熟悉的句型，再一次快速练习颜色的说法。

教师：你喜欢什么颜色？

学生A：我喜欢绿色。

教师：你呢？

学生B：我喜欢黄色。

教师：你呢？

学生C：我也喜欢黄色。

（教师在这个时候可以抓住机会练习一下副词“都”）

教师：（问除了学生B和C以外的其他人）他们都喜欢什么颜色？

学生D：他们都喜欢黄色。

教师：（问所有学生）你们都喜欢黄色吗？

（考查学生是否掌握“都不”和“不都”的区别）

学生：我们不都喜欢黄色。

③加入复杂句式和新词语，提高问题难度。

教师：他的毛衣是什么颜色的？

学生A：他的毛衣是红色的。

教师：你的呢？

学生B：我的毛衣是白色的。

教师：他的裤子呢？鞋呢？……

……

教师：他穿这件红色的毛衣好看不好看？

学生C：他穿这件红色的毛衣很好看。

教师：你穿什么颜色的衬衫不好看？他呢？老师呢？……

以上仅是简单的示例。教师可以根据教学中的实际情况设计各种问题。但总的来说，提问的顺序、难易程度应是螺旋上升式的。

第二，难易适度。教师的提问既要在学生掌握的词汇句型范围之内，又要有一定的挑战性。教师在设计问题时要特别注意用词范围。教师最好熟悉学生所掌握的词汇，以便在设计问题时熟练应用，而不至于用太多学生没学过的新词阻碍课堂训练，让学生备感挫折。同时，句型提问也不应太简单。设计提问时，词语难易交叉，句式简单与复杂交叉。举一个最简单的例子，练习“坐车”。教师可以从最简单的句子开始问起，然后逐渐扩展词汇句式，增加难度。

教师：可以坐车去那家书店吗？

学生：可以，你可以坐车去那家书店。

教师：我应该坐几路公共汽车？

学生：你应该坐3路公共汽车。

教师：我应该坐几站？

学生：你应该坐两站。

再比如，教师可以利用名词短语、动词短语增加问题难度。

教师：你喜不喜欢吃中国菜？

学生：我喜欢吃中国菜。

教师：你喜欢吃哪家饭馆儿的中国菜？

学生：我喜欢吃那家饭馆儿的中国菜。

教师：你喜欢的那家饭馆儿的中国菜怎么样？

学生：我喜欢的那家饭馆儿的中国菜很好吃。

教师：你喜欢的那家很好吃的中国饭馆儿在哪儿？

学生：我喜欢的那家很好吃的中国饭馆儿在学校大门对面。

当然，以上例子是很理想的情况。教师还要根据学生情况控制句子难度，如果学生水平不够，教师要适当降低难度以达到教学目的。

此外，教师设计的问题最好以开放问句为主，多用一些“wh-word”问题，如“什么”“哪儿”“什么时候”“谁（的）”“为什么”等等。尽量少用以“吗”结尾的简单问句或是非问句。教师也可以运用具有多种答案的问题，用“你呢？”连续提问不同学生（这是有经验的教师常用的一种“呢字问”方法）。这样的问法效率最高，能最大限度利用课堂时间充分练习。下面举正反两个例子加以说明。请先看正例：

目标句型：S + V（+ O + V）+ 到 + time point（+ 才 / 就 + VP）

教师：你昨天学汉语学到几点？

学生A：我昨天学汉语学到九点。

教师：（指别的学生）你呢？（注意：这是“呢字问”方法）

学生B：昨天我学汉语学到十二点。

教师：哦，你是好学生！（再问其他人）谁学汉语学到十二点？

学生C：我学汉语也学到十二点。

教师可在学生已掌握以上基本句式以后增加问题难度。

教师：昨天你学汉语学到十二点以后做什么了？

（教师可以指黑板上句型的后续部分提示学生用“才”或者“就”回答）

学生C：我学汉语学到十二点就睡觉了。

教师：（再指别的学生）你学汉语学到几点？

学生D：我学汉语学到今天早上两点才睡觉！

为了突出提问的技巧，这里只用了学汉语的话题。在实际教学中教师还可以设计一些有意思的题目以增加课堂趣味。请看下面的反例：

教师：你昨天晚上看电视看到九点吗？

学生A：对。

教师：你晚上也是看电视看到九点吗？

学生B：我也是。

教师：你学汉语学到十点就睡觉了吗？

学生C：是。我十点就睡觉了。

在上面的反例中，教师用的都是以“吗”结尾的简单问句。学生很容易就用简单句回答。教师虽然可以要求学生重复完整的句子，但是不如正例中的提问效率高。

第三，幽默有趣。教师要会控制课堂气氛。最理想的情况是能调动学生的情绪，引起学生的兴趣，这就需要教师有一定的幽默感，在适当的时候开个玩笑调节气氛。风趣可以唤起学生的热情和注意力，更好地增强教学效果，所以很多优秀的汉语项目在培训新教师时都强调教学中的趣味性。一位名教授曾说过：“如果在课堂教学中，内容多却沉闷与内容少但活泼两者之间不可兼得，舍前者而取后者。”而要使课堂气氛活跃，幽默有趣的提问就非常重要。

三、组织三要求

教师对于课堂节奏的把握以及对课堂气氛的掌控，体现了一个教师的基本素质。对于课堂教学的组织除了教师自身的素质，还需要具备一定的技巧，以达到最佳效果。

因此，教师需要做到：重点突出，有错必纠，紧张有序。

1. 重点突出

无论大班课、小班课还是对话课，在组织课堂训练中要注意重点突出。在设计大班课的时候可以将整堂课划分时段。每个时段覆盖一到两个语法点。再在每个时段重点之间设计过渡，这样整堂课既能重点突出又能浑然一体。

小班课的重点是操练在备课会上确定的重点句型。小班课教师应注意合理分配时间。第一，不要在简单句型上花过多时间。有些教师碰到简单的，学生说得又顺又好的句型就反复练习。碰到不太容易带出的复杂句型则两三句草草带过。这样做既不合理又无效率。虽然小班课上每个句型都是重点，但是重点之间也是要区别对待的。对于学生掌握较好、简单的句型，教师可以花较短的时间练习（教师也可带入新词以增加一定难度）。对于学生掌握较差、复杂的句型，教师可投入较长时间反复练习。

2. 有错必纠

作为专业的汉语教师，要把“有错必纠”当成最重要的职业素养。要让“有错必纠”成为一种习惯，一种自然的条件反射的行为。作为专业的汉语教师，应对语法错误敏感。发音错误也是教师要纠错的一部分。衡量一个学生汉语水平的高低不仅是学生是否说对句子，而且还要看他的发音是否字正腔圆。所以语音准确是衡量的一项重要标准。另外，教师要把改错延伸到课堂外。不只是课堂上的错误要改，课下碰到错误也要改。这一点在有“语言誓约”的海外项目中尤为重要。

教师在纠错时通常需要注意的是纠错要适度。虽然纠错要严格，但是要掌握一定的分寸，注意学生的承受能力，保护其自尊心，不能让学生过分沮丧，对自己失去信心。所以，在纠错以后教师要给予适当的鼓励。

第一，如果在一个句子中有多个错误，可以先纠正最主要的错误。不必一次纠正所有的错误。

第二，掌握纠错的时机。不必一有错误就打断学生说话，尤其是在学生做口头报告的时候，可以先把学生的错误记录下来，等学生报告完再纠正。但是也有一些小错误，容易很快纠正的错误或者发音错误可以随时纠正。

第三，改正错误以后要练习。错误纠正以后教师应当要求说错的学生重复正确的句子。如果学生犯的错误很典型，可以用“合唱”的方法让所有的学生练习一遍。

3. 紧张有序

“紧张”并不是指让学生精神紧张，课堂气氛紧张。这里的“紧张”是指教师上课的节奏要紧凑，不拖泥带水，不浪费时间。而这种紧凑的节奏也可以使学生在 50 分钟的上课时间里保持精神高度集中，紧紧跟随配合教师，有效率地完成教学任务。“有序”则是指教师有条理、有重点地组织课堂教学。要做到课堂紧张有序，教师的准备工作、教学经验和技巧都是很重要的。尤其要具备下文所述的“训练三能力”。

四、训练三能力

好的课堂教学，节奏紧凑，学生精神高度集中。学生与教师之间的配合紧凑流畅，能够高质量的完成教学任务。要做到这一点，教师需要做到：

1. 训练速度“快”而不“乱”

训练的节奏十分重要。因为练习时间有限，而且一定的节奏（速度快）可以让学生高度紧张，高度兴奋，最大限度地集中精力，充分利用课堂时间练习。教师的语速不要过慢，句子之间的转换要紧凑。要做到训练速度快而不乱应当遵循以下基本原则：

（1）永远知道下一个问题是什么

要做到永远知道下一个问题是什么，保证课堂节奏。因此，备课时要保证材料充分。每个目标句型保证至少每人一问。比方说，一个小班有 5 名学生，教师的问题至少应当有 5 个。最好再准备两到三个备用的问题以便紧急情况下使用。如问题太难学生都回答不上来，就应立刻换用备选的问题。只有材料充足，才能保证课堂上永远有问题可问，不会出现冷场的情况。

（2）既要有速度又能顾及学生的情况

教师在控制速度时常碰到水平较低的学生独唱使课堂节奏被明显拖慢的情况。首先，无论学生水平如何，每个人练习发言的机会是平等的。其次，教师在给问题时可以视学生情况发问。对水平低的一些学生给简单的问题；对水平高的学生给难一些的问题；然后合唱让所有人重复，或者请水平稍差的学生重复此句。但是，不能因为某个学生水平差就少叫他或不叫他。如果教师针对学生的水平提问控制得好，课堂节奏拖慢的情况是可以避免或者能最大限度地减少。

2. 既要让学生感到兴奋和压力，又不能让学生感到窘迫和羞愧

教师在课堂训练中扮演的是教练兼主持人的角色，充满挑战性的问题、紧凑的节奏、幽默的反馈会让学生感到既兴奋又有压力。同时，教师在课堂上也要注意学生的情绪和反应。因为每个人的性格不同，不同的反馈会造成不同的结果。对性格内向敏感的学生开玩笑时要特别注意分寸，不然会适得其反，不但不会制造出轻松的气氛，反而会让学生感到窘迫和羞愧，双方尴尬。所以，我们应做到：

（1）通过激发学生的竞争意识和成就感来达到课堂的紧张气氛

教师可以刺激学生让其有竞争意识。如给出有挑战性的问题，看谁能回答。对答出的学生给予热烈的鼓励和表扬。这样做一方面可以刺激其他学生的竞争意识，另一方面也满足了答题学生的成就感。双方都很兴奋紧张，他们会期待教师的每一个问题，接受挑战。

（2）通过教师的综合技术来消除学生的窘迫感

既要做到气氛紧张又不能使学生有压迫感，对教师来说是极具挑战性的。教师必须在教学中不断积累经验才能游刃有余地控制课堂气氛。一般来说，教师要注意以下几点以有效地控制课堂气氛，消除学生的窘迫感。

第一，分解问题，步步诱导。为了使学生不至于太过紧张，因回答不出问题而尴尬，有些教师就只问一些简单的问题。这样做是不负责任的。教师一定要准备一些有一定难度，且具有挑战性的问题。如果学生回答出来，不仅会让他有成就感而且也会对汉语学习更有信心。如果问题难了，课堂教学可能会停滞不前，难以带动。这就要求教师在课前做好充分的准备。对于过长过难的问题要像拍电影一样设计出分镜头，也就是把难问题分解为短小简单的问题，再把得到的短小问题的答案综合起来。请看以下示例：

目标句型：“习惯＋VP”结合“以前……，现在……了”

教师：你以前习不习惯写汉字？

学生：我以前不习惯写汉字。

教师：现在呢？

学生：现在习惯了。

教师：两个句子。

（教师可以指黑板上“以前……，现在……了”的句型提示学生）

学生：我以前不习惯写汉字，现在习惯了。

得到这个长句子以后，教师可以用合唱的方式让所有学生有机会练习一遍，也可以再请个别学生重复以达到再次练习的目的。

第二，改大错，多鼓励。学生回答问题时常会同时出现好几个错误，或语法错误或发音错误。教师在改正的时候要抓大错，不要每错必改。学生好不容易说出一个句子，却被教师不停地打断纠错，学生必定会产生挫折感。所以教师在改正错误时，应当抓住最大的语法或者发音错误加以改正，小错可以暂时忽略不计。等到下次这位学生犯同样错误时再予以改正，也可以下课以后提醒这位学生上课时教师没有指出的错误。

第三，用幽默的反馈缓解学生说错后的尴尬和失败感。教师的幽默有利于营造轻松的课堂气氛。这种幽默感不在于会讲笑话、耍宝，而是体现在对学生回答的反馈上。有经验的教师会用简单易懂而又不失幽默的一句话回应学生的回答同时又能缓和课堂气氛。比如：

目标句型：……，没有……，不行

教师：学汉语，没有字典，不行。你觉得呢？好老师（指指自己）

学生：学汉语，没有好老师，不行。

教师：教汉语呢？聪明的学生（指指学生）

学生：教汉语，没有聪明的学生，不行。

（3）既有迅速的应变能力，又有耐心的等待精神

在汉语教学的课堂上教师有时候就像访谈节目主持人。一方面要诱导谈话对象（学生）说话，说出符合主持人意图的话；另一方面要控制现场（课堂）的谈话节奏和气氛，应付突发情况。那些最受欢迎的著名主持人的最大特点就是会控制气氛，会巧妙地应对各种尴尬场面和突发状况。

作为汉语教师，虽然不用非要做到像著名主持人那样，但是应当具备主持人的一些基本素质，尤其是应对现场突发状况的能力。最常见的情况是学生回答不出来教师的问题，也就是出现“卡壳”的情况。跳过去或是在这位学生身上花时间非要得到答案都是不合适的。以下两点原则是处理这种情况的时候教师要遵循的：

首先，学生出现“卡壳”的情况时，仍要保持课堂节奏，不予拖缓。教师提出一个问题以后应当给学生适当的时间思考并做出反馈。合理的停顿是需要的，给每个学生的时间一般不能超过三分钟。凭经验，教师一般都能知道这位学生的“卡壳”是暂时的还是即使再等也回答不出来的。对于前一种情况，一定要等，不能草率转移；对于后一种情况，教师应当把握时间及时转换对象。为了不使学生太难堪，教师可以等目标答案出来以后再给这位学生一次机会重复或者再问一个相似的问题让学生回答。例如：

目标句型：一＋VP_1就＋VP_2

教师：你下了汉语课以后去哪儿？（指句型示意学生用这个目标句型）

学生A：我……，下课以后……就……

如果教师知道学生A能力较弱，并从他的回答中估计到学生A对句型的用法还不清楚，教师可以立刻切换对象。

教师：（对学生A）没关系。我们看看别人下课以后做什么。

教师：（对学生B）你呢？下课以后去哪儿？

学生B：我一下课就去图书馆看书。

教师：哇，你真是一个好学生。（接着可以立刻再转回到学生A）

你下课以后去哪儿？也去图书馆看书吗？

学生A：我一下汉语课就去上经济课。

教师：你可真忙。说得很好。

……

其次，学生出现“卡壳”的情况时不能生跳，应有耐心。上文提到学生“卡壳”有两种情况。对于第一种，即学生有能力回答只是组织语言过程稍慢时，教师一定要耐心等一下。如果草率跳过去，对学生的影响是非常不好的。既伤害了学生的自尊心，又浪费了时间。

所有上面介绍的，都是我们多年来的经验总结。虽然涉及的内容很多，面也很广，但仍然不是所有的技能。我们能做到的，充其量也是“点到为止”，仅供参考而已。如果说有用，也需“运用之妙，存乎一心”。

第三章　大班课教学

本章主要介绍大班课的性质、特点以及基本的教学方法与步骤。因低年级与高年级的教法有很大的不同，故专门列出不同小节以教学案例的形式具体说明低年级与高年级教法的异同。

第一节　大班课概述

一、大班课的性质与特点

大班课是一个串讲课文、讲解并练习生词和语法点的综合课，其特点是以练习带动讲解（以练带讲）。与单纯的小班操练课有所不同，大班课通过练习、简明的讲解，使学生理解课文并会使用课文中的重要生词与语法，为小班课的操练扫清理解上的障碍。这样小班操练课就无须讲解，而是用大量的操练、扩展练习以使学生能够在具体的多种情境中掌握和运用课文中的重要生词与句型。大班课的学生人数可以与小班人数相等，如均为 10 人；也可数倍于小班人数，如大班为 20 人，小班以 6 ～ 7 人为一班而分成三个班。大、小班的区别不单是班上人数的不同，更是在课型与性质上的相异。

二、大班课的基本教学方法与步骤

1. 教学用具：可以包括生词卡、图片、道具、PPT 等

（1）生词卡：课文中重要的生词，一堂 50 分钟的课大约准备 12 张。低年级的生

词卡，可以写汉字（字体要大）、拼音和英语（字体相对小些）。拼音可以帮助学生发音，英语注释可以减少教师讲解的时间。高年级的生词卡可以只写汉字。生词卡能用来热身，做语法点之间的转换与课文复述等。

（2）图片、道具（大约5张图片和/或2～4个道具）：可以起到直观的视觉效果，使学生见物联想到词，达到练词、说句子的目的。

（3）PPT至少包括两个基本内容：一是本课的语法点，最好列在一张PPT上，省去换片的麻烦；二是本课课文，也在一张PPT上，学生一目了然，供熟悉、复习课文用。如果本课有比较抽象的关系，如人物关系或属相与年份的对应等，可以做成PPT，使学生有直观的印象。PPT不宜过多，免得手忙脚乱地换片。

2. 教学流程（以50分钟一堂课为例），可以大致分为四段：小考、开头热身、中间讲练、结尾总结复习。

（1）小考（5分钟左右）：考试不是目的，是手段。教师可以通过考试来检查学生的预习情况，督促学生预习本课将要学习的课文与生词。教师可以在每次上课后马上开始小考。考查的内容可以是本课将要学的生词，或用生词组成一句话，或直接从课文中找出一句话，几种形式也可以兼用。小考的形式包括：写生词（给拼音让学生写汉字与英语，或给英语或拼音让学生写汉字）、听写（生词或句子；应写汉字与拼音，低年级还应写英语翻译；高年级可不必写英语）。

（2）开头热身（1～2分钟）：可以是生词带唱；也可以是以提问引出范句，然后带唱范句。开头部分需气氛热烈，声音响亮，真正起到热身作用。

（3）中间讲练（约40分钟）：这个时间段是一堂课最重要的一部分，本课的重要生词与语法点都应得到练习，难点得到讲解。

（4）结尾总结（约2～3分钟）：复习本课的重要生词与语法点，布置作业。

3. 教学方法：大班课的难点在于如何做到讲练结合，重点突出。讲解需清晰明确，简洁易懂。练习要重点突出，目标明确。这就要求大班课的教师具有高度的归纳能力，不仅能够利用课文中的故事介绍重点词语和句型，更要对重点词语和句型进行归纳，以便学生能迅速地了解和掌握，为小班课的操练打下良好的基础。下面简要介绍几种大班课的教法。

（1）小班操练课的教学技巧、方法都能熟练地运用（参见第四章）。

（2）进出课文需无缝对接，如船过无痕。大班课需掌握两条主线：课文主线与语法点主线，在这两条主线上转换自如，使两条主线若即若离，既串讲、疏通了课文，又练习了重要的生词与句型。进出课文的手段可以利用生词卡、图片、道具和PPT上的语法点等。

（3）讲解与练习：大班课的原则是，精讲多练。避免教师多讲的一个方法，就是要把课文的语法点在 PPT 上或黑板上写清楚，学生一望即知。而让学生掌握运用这些语法点不是通过讲解，而是通过扩展练习。如碰到了课文中一个带语法点的句子“小张在饭馆儿吃饭”，这个语法点的语序与英语不同。在练完这个语法点之后，就应扩展练习，检测学生是否掌握、会用。可以通过问题“你在哪儿吃饭？”也可通过词卡“教室”“宿舍”等，让学生说出“我在教室看书”“我在宿舍睡觉”这样带处所状语的句子，从而使学生掌握并会用“S + 在 + PW + V”这一句型。扩展练习完后，再通过词卡、图片、问题等手段把学生引回课文中。

4. 备课会议：大班课教师负责备课会议，在备课会前将课文重点、讲解练习的句型和生词详细列出以便备课会上与小班课教师共同讨论，统一语法解释，明确小班课练习的重点，使各小班进度一致。

第二节　低年级（一、二年级）大班课

一、低年级大班课的主要目的

低年级的教学是基础工程，非常重要，大班课更是重中之重。大班课不但要练生词、基本语法结构，更重要的是要打好发音的基础。除此之外，低年级也需重视口语语体教学。

二、低年级大班课的教学方法

1. 目标句型的导入

低年级教学中，可以通过领读生词卡、课文或提问的方式来引出目标句型。通过领读生词、课文引出目标句型较为直接，但师生间缺少互动。由于一年级的学生词汇量有限，在初期时通过领读生词卡而过渡到课文再引出目标句型，较为切实可行。而到了二年级，学生已经掌握了不少词汇，这样通过提问引出目标句型则较为自然。二年级仍以语言基本功为主，除了声调的巩固、结构的掌握，重点在词汇的扩充及语句的连贯表达上，因此最好采用提问的方法引出。比如目标句如果是“新同学都很高兴”，可以采用下面会话式的提问：

教师：今天是上课的第几天？

学生：今天是上课的第一天。

教师：新同学高不高兴？

学生：新同学很高兴。

教师：新同学都很高兴吗？

学生：新同学都很高兴。

目标句引出后并没有结束，还应在目标句的基础上进行替换练习，以帮助学生建立起目标句型。如：

教师：新同学都很高兴，你们呢？

学生：我们也都很高兴。

教师：新朋友呢？

学生：新朋友也都很高兴。

……

通过替换扩展练习，让学生掌握“S + Adv + V”的目标句型。

在语法结构的讲解上，大班课教师要尽量用例子来说明此结构的特点、用法及限制，尽量避免长篇讲解。语法讲解以精讲多练为主，有些规律性的规则，可以在组织学生练习后，再进行归纳总结。如“把”字句，我们可以对形式结构做以下分析：

（1）“把”后面的名词须是有定的；

（2）“把”后面的动词须是行为性动词（action verb）；

（3）“把”后的行为性动词的后面要么带补语，要么带地点性成分。

当教师心中有数时，我们则可通过 PPT 展示相关图片和“把”字句结构，据此进行提问并展开操练：

图 5　我的屋子

教师：这是你的屋子，你想在屋子中间放什么？

学生A：我想在屋子中间放一张桌子。

教师：那你怎么放桌子呢？（教师可指一下黑板上"把"字句的句型）

学生A：我想把这张桌子放到屋子中间。

教师：你想把桌子放到屋子中间？

学生A：对，我想把桌子放到屋子中间。

教师：（指另外一个学生）你呢？

学生B：我想把床放到屋子中间。

教师：你呢？

……

教师还可以通过具体例子来导入"把"字句，如：教师将手中瓶子里所剩的一点水喝完。

教师：老师把什么喝完了？

学生：老师把水喝完了。

教师：（用词卡展示，对一个学生说）请你把咖啡喝了。

（学生照做，然后问大家）他把什么喝完了？

学生：他把咖啡喝完了。

等学生明白后，就可以分组（2人或3人一组）练习。

通过上述的练习，总结出"把"后的动词必须跟一个补语或者后缀，其功能是"移位"和"变化"。在练习"把"字句"移位"功能时，可与典型语境（如搬家）结合起来，使"把"字句的形式结构、功能作用与典型语境成为一体，如下：

形式结构：A把B＋动补结构/介词结构

功能作用："把"字句是用来表示物体的移位及行为引发的结果的。

典型语境：搬家、整理房间等。

把形式结构、功能作用与典型语境结合在一起讲解与练习，可以使学生记忆深刻，知道在具体语境中如何使用"把"字句。

在进行目标句型的教学时也可以充分发挥词卡的作用。词卡的使用有助于对目标句型中某一成分的替换练习，从而加快上课的节奏。有的教师将关键例子写在词卡后边，这对有效地组织教学起到了积极的作用。

2. 对核心语法与典型错误的关注

只要教师注意总结，学生常犯的习得性错误是可以避免的。因而，大班课教师在讲练课上要有意识地针对正在学习的句型或词语指出学生在以后的使用中将会出现的错误。这样的做法可以对正确使用该结构或词组起到事半功倍的作用。那么，学生常犯的错误究竟有哪些？我们如何掌握相关信息呢？除了查阅有关书籍文章、向老教师请教外，我们每个人都应细心观察，不断总结，集腋成裘，成为这方面的专家。具体的做法是做一个有心人，在批改学生作业、考卷及与学生交谈时，我们都可以顺手记下学生所犯的具有共性的错误，唯有此，才能在讲练课上，随时引导学生关注在核心语法上可能出错的地方。如在练习“A 跟 B”时：

教师：你是哪国人？

学生 A：我是美国人。

教师：你呢？

学生 B：我也是美国人。

教师：他跟她……？

学生 C：他跟她都是美国人。

教师：你的朋友喜欢喝什么？

学生 D：我的朋友喜欢喝咖啡。

教师：你呢？

学生 E：我也喜欢喝咖啡。

教师：他跟他的朋友？

学生 F：他跟他的朋友都喜欢喝咖啡。

除了练习“名词$_1$跟名词$_2$”外，我们还可以给出英语句子“My friend likes drinking coffee and I like drinking coffee too”，让学生进行翻译，看他们是否已经掌握汉语的“跟”只能连接两个名词或名词性短语这一要求。

又如，由于母语负迁移的作用，在遇到“要是 A，就 B”这一句子结构时，学生很可能会将第二个分句的“就”放在主语前。大班课教师在讲解时，应明确指出“就”作为副词，只能放在主语之后。我们也可以通过一两个英语句子，来进行预测性练习，使学生避免此类错误。

再如，“I don’t know if he likes it”，如前文所指，学生很可能会根据英语习惯，将此句翻译成“我不知道要是 / 如果他喜欢”。除了教师提前打预防针外，避免出现这种错误的另一个方法是让学生从汉语句型直接入手，强化第一印象。

教师：你喜不喜欢学汉语？

学生 A：我喜欢学汉语。

教师：我问她什么？

学生 B：你问她喜不喜欢学汉语。

教师：那我不知道什么？

学生C：你不知道她喜不喜欢学汉语。

在学习“饭馆儿、咖啡馆儿、酒馆儿”这组词后，学生会惯性地将图书馆和博物馆的“馆”儿化，应提醒学生“图书馆、博物馆”等正式场馆后不能跟“儿”。学生还容易犯错的是把“今天早上”说成“* 这个早上”；把“一年”说成“* 一个年”，一天说成“* 一个天”；等等。

在大班课的教学过程中，教师要在学生容易出错的地方进行提示性教学，通过问题、翻译及完成相关练习，让学生明确知道什么是不符合汉语表达习惯的。这也是大班课的教学重点之一。但最重要的还应是对正确句型的掌握。

3. 掌握语音原理，教发音、纠音应注重科学性

大班课不仅要以“练”的方式讲授句型语法，更要以“练”的方式，从理解汉语语音原理的角度，教授学生汉语发音时舌头、唇齿的具体位置，训练学生的口舌肌肉。至于那些受母语影响的普遍性语音错误，要总结发音方法，随时指出错误的舌位，从而进行纠正。如“ü”的发音，学生常犯的错误是舌位或唇形不对。在发元音“ü”时，舌尖抵住下牙齿，然后在舌位保持不变的情况下圆唇，唇形与元音“u”相同。这样，“i”（舌头位置）+“u”（唇形）就能正确读出含“ü”的音了。注意：只要发音位置正确，唇形正确，就能准确无误地读出汉语音节，但是要保持这个正确的发音，不反复练习正确发音时舌位和唇形的肌肉，仍然像“拉皮筋”一样，不拉就回去——不改就错。更可怕的是，一旦错误石化了，就像“皮筋”老化一样，永远不能再练到位了。大班课的责任是要让学生知道准确的舌位和唇形。有言道：“大班理练感舌位，小班操练长肌肉。”当然，发音的同时也要考虑声调。声调特征及其在词语、句中的变调规律的总结和教学，跟上面说的舌位和唇形一样，也是大班课的重点之一。要想建立学生对汉语的“调感”，必须让学生在课上课下听说（包括课文录音）的反复练习中，训练出控制唇舌的足够的口腔肌肉。

此外，我们通过对比北京话的基础元音声位与美国学生所发的汉语元音声位，就可看到差异，只有当我们心中有数，上课时才能做到有的放矢。

通过对比，我们可以发现由于母语负迁移影响，美国学生在发汉语元音“ɑ”时，容易将之发为英语的长元音［ɑ:］或［ʌ］，张开度不够。那么，在教美国学生时，我们可以告诉他们“ɑ”的发音类似去看医生时，需要张大嘴说“ɑ”，以便让医生看到咽部是否有红肿发炎的现象。也就是说，嘴巴张大，舌位最低，舌身后部微微隆起。

就“e”音而言，“e”嘴巴较扁，舌位高低与“o”大体相同，只是嘴角向两边展开。美国学生在发此音时位置较为居中，高度不够。中国人在发此音时，位置较靠后，

因起点位置略高，故咽部肌肉有一个由紧到松的过程。

发“i”音时，牙齿对齐，口形扁平，舌尖接触下齿背，使舌面前部稍微隆起。由于汉语的“i”与英语的［iː］较为相似，故告诉学生读 tea［tiː］音，基本没有什么问题。

元音“u”的发音要点为嘴巴突出，双唇拢圆留一小孔，舌头向后缩。而美国学生在发此音时，一般很难拢圆，发音位置过于靠前。

元音“ü”的发音与“i”基本相同，舌尖抵住下齿背，只是嘴唇撮成圆形，略向前突出，舌尖抵住下齿背。一旦教师讲解清楚，美国学生发元音“ü”时，反倒轻松。

由于汉语是声调语言，受句子语调控制不大明显[①]。但英语却并非如此。一般来说，英语句尾一般用降调，而句中用升调。譬如（“↗”表示语调上升，“↘”表示语调下降，“*”表示不合法）：

明天我一定来！（*↘）

I will definitely come tomorrow.（↘）

美国学生受英语语调的影响，很容易将“来”读成降调而非升调，结果就“洋腔洋调”。如果陈述句的句尾最后一个音调为降调，就恰好和英语的降调“合拍”而不会有什么问题。如下句所示：

他不一定去。（↘）

He may not go.（↘）

再如和汉语合拍的英语语调：

你爱玩，（↗）她爱唱。（↘）

You like playing，（↗）she likes singing.（↘）

如果是和汉语声调不合拍的英语语调，就会产生错误：

你爱唱，（*↗）她爱玩。（*↘）

You like singing，（↗）she likes playing.（↘）

若汉语的声调正好与英语的语调相符（合拍），则没有什么问题。但在两者不一致时，学生的声调受英语语调的影响，会发得不准确。若汉语教师在课堂上能指出两种语言在语调上的差异，无疑会有助于美国学生声调和语调的准确性。

4. 课文背诵与作业检查

每课应要求学生背诵课文或重要的句子。检查形式为随机点学生，让其背诵文中一两句。注意，在背诵过程中要顺便纠音。一个学生背诵之后，可以全班合唱，再叫

① 实际上，赵元任先生将汉语的声调（或者叫字调，tone）和语调（intonation）做了区分（赵元任，1932）。他把字调比作小波浪，语调比作大波浪，并指出小波浪叠加于大波浪之上，因而句中字调的实现是个变量。

下一位学生。若学生没有准备好，不用勉强，让他们准备好后，找教师补背，但要背诵全文。

对于课后学生抄写汉字、课文录音这样的练习，分数控制可以灵活些。抄写汉字的练习，可以给学生两个成绩："+" 和 "−"。"+" 意味着满分，"−" 则表示有错误。若有错误的话，学生不得分。他们必须改正误写的汉字，让教师检查后，才能得 "+"，即 10 分。这样做的目的是鼓励学生改错。至于录音，每课都要求学生进行录音，然后上传。教师会将其读错的音节按声母、韵母或声调标出。分数可按 100 分计算。只要错一个地方，不管是声母、韵母还是声调都会各扣 1 分，相同的错误只扣一次。之后，给学生改正的机会，让他们找教师练习，以提高分数。这样不仅使学生重视发音，还有利于教师直接对学生进行纠音。给学生一些改正的机会，能极大地调动其学习积极性。这就是灵活掌握分数的目的。

5. 汉字及生词教学

由于课时的限制，不能在汉字的教学上花费过多的时间，因此只能把结构典型的字稍加解释。使用词卡时，不是为了识字而识字，而是将词用在短语或句中进行扩展或替换练习。如：

音乐	（词：用作识读及纠音）
听音乐	（词组：V + O）
喜欢听音乐	（词组：扩展）
我很喜欢听音乐，你呢？	（带入句中进行操练）

在词汇教学过程中，可以将词汇进行分流，也就是说将生词分为会认会读会写的、会认会读的及补充生词，这样可以减轻学生的负担。第一组为常用书写词语；第二组为笔画多的复杂汉字；第三组为补充生词，供有能力的学生掌握。这种分层次的汉字教学，可以让学生根据自己的能力进行学习，体现了因材施教的原则。有关汉字教学及教法将在第七章进行较为详细的介绍。

6. 低年级语体教学

语体教学是汉语教学的重要组成部分，并贯穿了低、中、高各个年级教学的全过程。低年级和高年级在语体教学上的侧重点不同。低年级的语体以口语体或非正式语体为主要习得内容，但为了使其顺利向书面语过渡，我们应该从一开始就帮助学生建立语体概念。比如：块、毛与元、角，钟头与小时，周与礼拜，一天与一日，不一样和不同，等等。教师应让学生在教材上标出来，在课堂上讲清楚。到了二年级时，学生开始接触一些书面语词汇，教师可以在这一阶段强化学生已经建立的语体概念并对一级正式语体知识进行教学。 所谓一级正式语体就是指学生易于掌握的书面语体句式和双音节词汇，比如，以下结构均属正式语体：

随 N VP：年轻人的衣着随潮流而变。

无论 A 还是 B，S 都 VP：无论工作还是学习，他都非常努力。

只不过……罢了：只不过是你不了解罢了。

V 于 PW：他们相识于国外。

A 有助于 B：逻辑有助于思考。

A 等同于 B：汉语的句末语气词等同于英语的语调。

一级双音节词指的是《汉语书面用语初编》中，标有［甲］级的双音节词，如：

锻炼、表示、表演、发生、发展、丰富、复杂、回答、基本、集合、计划、结束、解决、解释、进行、精彩、经过、取得、全部、实现、伟大、永远、遇到、预习、增加、掌握……

我们要让学生知道，书面语中的双音节谓语动词要求其后宾语成分亦为双音节，如：

阅读书报 VS * 阅读书　　购买报刊 VS * 购买报　　种植树木 VS * 种植树

拥有权力 VS * 拥有权　　浇灌花草 VS * 浇灌花　　偷盗钱财 VS * 偷盗钱

收购纸张 VS * 收购纸

初中级阶段语体概念的建立，书面语体结构和词汇的掌握对学生在高年级阶段学习书面语体起着良好的铺垫作用。我们在第五章里专门介绍语体语法和书面语教学，读者可以得到系统的知识参考。

第三节　高年级（三年级以上）大班课

一、高年级大班课的教学特点

高年级的教材特点是书面语大量增加，所以应加强正式语体的教学。而高年级学生的一个普遍现象则可以用“眼高手低”这四个字来概括，即：学生自觉水平很高，可是简单的句子还说得不好，造成一种“高不成低不就”的状态。为激励学生的学习热情，教师也要相应地把“眼高手低”这四个字作为高年级教学的一个原则。这里所说的“高”是高看学生的思辨能力，所谓的“低”是低就学生的语言能力。这就是说，教师应以恰当的问题为引子，启发学生的思辨能力，促动学生说话的欲望，激发学生的学习热情。通过能够使学生产生兴趣的问题，引出所要教授的语法点和重点词语。

要摆脱学生的“手低”现象，教师应做到不惧、不厌，注重精练，巧练重要词语、基本句型，并能使之融入到高年级的成段表达和讨论之中，综合培养学生的语言基本技能和运用所学语言恰当表达思想、陈述观点的能力。有鉴于此，高年级大班课的具体教学方法，除了需要掌握低年级大班课的教学方法，还要特别注重下面所说的主题联想教学法。

二、高年级大班课的教学法

1. 主题联想教学法

主题联想教学法是通过与本课主题相关的提问和话题使学生联想到要学的词语与语法点，从而展开语言练习。主题联想法实现的条件是：高年级的教材都有主题，包含较深的文化内容；学生至少都学过两年以上的汉语，有一定的词汇量，掌握了基本句型。在上课前，学生都应该预习当天所要学的内容（检查预习的手段：词汇小考 / 听写句子）。故此，教师提出的一个话题、一个问题或者一个概念，甚至一个词，都应促使学生联想到以前所学的，或者当天所要学的内容，或者自己的亲身经历。一旦学生说出了与提问对应的词语或句子，教师便要将词语扩展、句型转换等设置在意义相连的局部小范围内进行练习和迁移转换。

下面以费孝通的《中国传统伦理观念与人口问题》（取自普大四年级教材）为例，来展现主题联想教学法的具体实施步骤。本篇课文共有三大段，每段都包含了可以讨论的话题。

第一段：主要内容为传统伦理观念。可供讨论的话题有：重男轻女；养儿防老；不孝有三，无后为大；多子多福；休妻纳妾。

第二段：主要内容为重男轻女的经济 / 政治基础。可供讨论的话题有：小农经济（家庭经济）；多男（经济价值）；农业劳动（体力劳动）；高价礼金（劳动力转让）；政治基础——多男（扩大氏族范围）。

第三段：主要内容为伦理观念与经济。可供讨论的话题有：多育多男的积极 / 消极作用；农业现代化与人口的关系；医疗技术的进步与人口的关系；社会累积资金与人口的关系；计划生育与城乡差别。

下面仅选课文第一段来说明怎样提问和如何练习词语与句型。课文第一段具体内容如下：

传统伦理观念指的是历来存在于广大人民群众中的，附着一定价值观念的社会行为的规范。有的行为人们认为是好的，应当这样做的；有的行为人们认为是不好的，不应当这样做的。一个人按着社会上认为好的事去做，就会受到舆论的肯定和表扬；相反就要受到谴责，甚至制裁。

教师根据上面的内容，备课时需要准备四个教学重点：第一层是选好话题 / 概念；由此设问，引出后面三个层次的内容——语法点、重点词语与发音难点词语。（参见表 2）

表 2　教学内容的四个层次

第一层次　话题 / 概念	伦理观念；价值观念；社会行为；行为规范
第二层次　语法点	指的是；历来；按着；受到；相反；甚至
第三层次　重点词语	广大；一定；肯定；表扬；谴责；制裁
第四层次　发音难点词语	传统；存在于；附着；舆论；制裁（都含有圆唇音或送气音）

上面列出的后三个层次是本段要练的语法点和重要词语。要让学生愿意练这些词语与语法点，关键是提问的设计。提问要旨是：激活联想，引发兴趣，提高热情，促使学生开口表达。

如何做到这些呢？那就是要唤起学生的注意力。因为注意力能否集中是教学能否成功的关键。那么又如何能够让学生注意力集中呢？简而言之：兴趣。人们往往对新奇、有差异的事物感兴趣，这就是所谓的猎奇心理。教师应通过兴趣激发学生的语言意识来完成这一环节。一般来讲，可以从三方面差异引起学生的兴趣：其一，语言差异（不同题材、体裁的作品，语言风格不同；教师与学生、学生与学生之间说话也有差异）；其二，文化差异，也就是文化距离（社会距离）；其三，个性差异（民族之间、教师与学生、学生与学生之间都存在个性上的不同）。明确了这些，就可以设计问题了。

表 3　设计问题（1）

问题 1	什么是传统伦理观念？
学生的回答 1（联想）	多子多福；不孝有三，无后为大；重男轻女……
学生的回答 2（读课文）	传统伦理观念指的是历来存在于广大人民群众中的，附着一定价值观念的社会行为的规范。
差异	文化差异（凸显法：中西方的不同）
目的	抽象概念与具体社会现象对应

对于表 3 中的“问题 1”，如果学生的回答是第一个，教师就可以带唱练习“多子

多福……是中国的传统伦理观念”。然后接着就可以问“这种传统伦理观念从哪儿可以看到？”以此引出课文的第一句话。若学生的回答是第二个，那就正好带学生练习此句话，并可扩展练习（参见表4），还可以让学生举例说明传统伦理观念，以此检查学生是否明白“伦理观念”的抽象意义。

表4　设计问题（2）

问题2	美国的传统伦理观念是什么？
学生的回答（联想）	自由；民主；平等；男士为女士开门；女士优先；妇女结婚后要改姓……
差异	文化差异（比较法：孝顺；对后代的责任；妇女结婚后不改姓） 个性差异（角色转换：如果你是中国的老师/学生；如果你是美国的父母/孩子）
目的	利用“好为人师”的心理，让学生多说；教师要表现出3岁孩子的好奇

表4中的“问题2”是一个扩展练习，让学生把抽象意义的“伦理观念”与生活中常见的现象对应。

表5　设计问题（3）

问题3	张三，你和一位女士出去，你是为女士开门还是等她替你开门？ 后续问题：为什么要替女士开门？会受到肯定和表扬吗？你不开门会怎么样？跟女士抢着出门会怎么样？会不会受到谴责？会不会受到制裁？
学生的回答	当然为女士开门……
差异	个性差异：学生的个性/心理距离
目的	关注个人；抽象概念（社会行为/价值观念）具体化；聚焦具体语法点、词语

表5中的“问题3”的后续问题都与备课中所列的重点词语与语法点有关，学生回答这些问题时，就会说出所要学、要练的词语与语法点。

表6　设计问题（4）

问题4	开门/改姓的习俗是尊重还是轻视妇女？是不是一个平等的观念？ 后续问题：美国为什么会有这样的习俗？这和经济有什么关系？
学生的回答	开放的回答
差异	逆转（文化差异）：与学习者已知或预知的信息相反
目的	刺激学生深入思考，激发说话、争辩、辩论的欲望

表6中的“问题4”既是练生词、语法点，又是将讨论引向深入，以此训练学生用

学过的词语与句型成段表达自己观点的能力。

上面简要地介绍了主题联想教学法，其要点就是需要教师找到并设计好启发学生能够联想生词、语法点的话题与问题，循此展开语言练习，深入讨论，培养高年级学生援引例证、陈述观点的段落表达能力。

2. 利用课件串讲课文

高年级的大班课教学应以课文内容为主线，在引导学生复述课文内容的基础上自然带出目标句型并用例句进行解释是最为理想的教学方式，也就是一边串课文一边讲解练习。这就要求教师在课前熟悉课文，按照课文的逻辑顺序编出一个内容大纲。然后再按照此逻辑主线插入需要讲解练习的句型和生词。一个易于操作的方法是利用课件对课文内容进行串讲。其做法是将关键词语挖空，让学生填补。这种方法可以在总结复习时使用。学生完成后可公布答案。如：

十多年前，北大的几位教授________“为这座城市泡杯茶”的________，在南门外资源西楼的一间地下室打开了一道文人书店的大门。风入松，书店名________风过________，是宋代的词牌名。书店________学术性________，________类或者一般________书籍并不多见，这里________举办________和学术________，吸引了众多读者。

十多年前，北大的几位教授秉着“为这座城市泡杯茶”的愿望，在南门外资源西楼的一间地下室打开了一道文人书店的大门。风入松，书店名意指风过松林，是宋代的词牌名。书店专营学术性著作，教辅类或者一般大众书籍并不多见，这里频繁举办首发式和学术研讨会，吸引了众多读者。

我们还可通过课件、图片进行情景介绍，培养学生的语段表达能力。

高年级教学会遇到大量的近义词。在进行近义词辨析时，教师不要试图就词义而辨析近义词，而要提供大量的、能够说明其用法差别的例句，让学生总结出差别，知道如何在具体的语境下使用。

3. 作业布置

由于高年级教材包含很多古词语和书面语，而这些词语使用频率相对较低，日常交际中罕用。教师在课后布置作业时，就应加强对重要的古词语、书面语的练习，应提供具有书面语词语的文章让学生课后阅读，以巩固新词语的学习。写作时，要求学生必须使用本课或新近刚学的结构及词语。比如，400 个词左右的作文必须要用所学的 20 个以上的词语及 10 个以上的句型。这样对巩固新学词语和语法会产生显著效果。

第四章　小班课教学

第一节　小班课概述

一、小班课训练的目的和主要方法

如果说大班课的目的是输入兼输出，那么小班课的目的就是训练输出。输入不易，输出更难！输出要在计划和安排下进行，所以小班输出必以大班输入的语法和词语为内容。促发输出成功的方法多种多样，这里总结以往经验，约为以下十法：（1）问答法；（2）否定 / 肯定法；（3）问句法；（4）合唱法；（5）句型转换法；（6）成分替换法；（7）翻译法；（8）情景图具法；（9）足句法；（10）综合法。（详见本章第二节）

二、小班课训练的主要步骤

小班课以巩固大班课所讲解过的句型及语法点为目的。主要是通过各种练习方式加强学生对新句型、新语法点的掌握。上课时一般采用的步骤是：

1. 教师领读目标句型，检查及纠正学生发音。然后从核心词出发逐步扩展到含目标句型的短语。

2. 用含有目标句型的课文原文提问。

3. 跳出课文内容，利用目标句型提出一些学生感兴趣或与学生生活相关的问题。

4. 跳出句型，用“wh-word”（什么、哪儿、什么时候、谁、为什么）或者“呢”提问，带出目标句型。

上述提问过程中可穿插个人重复或多人重复练习。

下面以两个目标句型为例以示一般，请注意问句之间的安排及衔接。

目标句型 1：A 是 B（一年级）

目标词语：朋友、学生、新、老……

教师：李玲是谁？

学生 A：李玲是我的朋友。

教师：她是不是你的新朋友？

学生 A：对，她是我的新朋友。

教师：谁是你的老朋友？

学生 A：小王是我的老朋友。

教师：你的老朋友是不是大学生？

学生 A：对，我的老朋友是大学生。

教师：你的新朋友呢？

学生 A：我的新朋友也是大学生。

教师可以抓住这个时机提示学生说出一个更复杂的句子。

教师：他们都是大学生？

学生 A：对，我的老朋友、新朋友都是大学生。

教师可以利用合唱加入所有学生练习这个长句子。然后再通过下面的提问，充分、反复地练习。

谁是李玲的朋友？

你是不是李玲的朋友？

你的朋友是不是大学生？

你的新朋友呢？

你的老朋友呢？

你的朋友是不是中国人？

都不是 / 都是吗？

你的中学朋友呢？

你的小学朋友呢？

李玲的朋友呢？

目标句型 2：A 包括 B（三年级）

目标词语：形式、内容、类型……

教师提问：中国的企业包括哪几种？

中国的经济形式主要包括几种？

北京市个体户主要经营的副食品有什么？（水果、茶叶、点心）

有哪些国家和中国建立了友好合作关系？

中国的企业除了国营和私营以外，还包括什么企业？

三、小班课教学的四点原则

小班课教学应当遵循以下四点原则：

1. 以“一问多答”的问题为主；
2. 以“呢字问”跟进；
3. 严格纠错；
4. 合唱巩固。

现以授课对象是美国学生为例，教师带领学生练习课文原句之后，可以跳出原文提问。如：

目标句型：不论……，一律……

教师：在美国，什么人可以参加总统选举？女人可以吗？

学生A：男人、女人都可以参加总统选举。

（这时教师可以指黑板上的目标句型提示学生使用）

学生A：在美国不论男女，一律可以参加总统选举。

教师：很好。还有呢？

学生B：不论种族，一律可以参加总统选举。

教师：非常好。还有什么？

学生C：不论富人穷人，一律可以参加总统选举。

教师：很好。

这时教师可以带学生一起合唱，把几个句子连在一起练习一次。这样既巩固了句型，又让每个人都有机会练习。如：

教师/学生：在美国，不论男女、种族、贫富，一律可以参加总统选举。

第二节 小班课训练的十大方法

一、问答法

问答法是汉语训练最基本、最常见的方法。但是“问什么”“怎么问”则很有讲究，其中不仅见出教师备课的功夫，同时也是教师经验的体现。就内容而言，一般先从课文的内容问起，从简单的问题入手，然后再引申发展，最后回归课文。值得注意的是:（1）提问力避“yes/no”的问题;（2）多问“wh-word”问题（什么、哪儿、什么时候、谁、为什么）;（3）尽量把“引问”和“正问”以后的“连问”转换为“呢字问”。如：

教师：张伟是哪儿的学生？

学生A：张伟是北大（中国/外国）(的）学生。

教师：你呢？

学生A：我不是中国学生。/我是美国学生。

教师：（指另一个学生）你呢？

教师：（指另一个学生）你呢？

又如：

教师：你的狗是不是你的朋友？

学生A：________________

教师：（指另一个学生）你的狗呢？

学生B：________________

教师：我的狗呢？

学生C：________________

再如：

教师：狗是不是人的朋友？

学生A：________________

教师：（指另一个学生）你觉得呢？

学生B：________________

教师：（指另一个学生）你呢？

再如：

教师：我的朋友喜欢的不都是我喜欢的，你呢？

学生A：________________

教师：（指另一个学生）你呢？

一般说来，像“我的朋友喜欢的不都是我喜欢的”这样复杂的句子引出来以后，应该尽量给每个学生再次“输出”的机会。（不要误此良机！）这里，“呢字问”最经济实用（当然还须兼以“合唱”和“再说”等形式）。

二、否定 / 肯定法

否定 / 肯定法是训练学生否定（to negate）一个给定句型的能力。在练习中可以配合该句型的肯定形式来进行。我们知道：否定词位置的变化会导致意义的不同。如：

跑得快不快？　　——跑得不快。

跑得快跑不快？　——跑不快。

也就是说，否定和肯定的形式本属训练的内容。然而，它们还可以作为一种极为重要的训练方法。一则因为它经济实用（不必再问新的内容），再则可以保证训练速度。如：

教师：我的朋友喜欢中餐，你的呢？

学生 A：我的朋友也喜欢中餐。

教师：Negate!（在上述例句的基础上，让学生给出否定形式）

学生 A：我的朋友不喜欢中餐。

教师：（指另一个学生）你的呢？

学生 B：________________________

教师：（学生回答若肯定）Negative!/（学生回答若否定）Positive!

学生 B：________________________

由于否定 / 肯定法皆以原有句子为基础（重复原句），使用的时机和场合十分重要。一般说来，如果不是内容的需要（专门训练否定形式），它最适于应该重复以加强记忆的好句子，以及当教师突然忘记下一个问题的时候（亦即用原句的否定或肯定形式来争取时间，组织应变，避免中断）。

三、问句法

和否定 / 肯定法一样，问句法是训练学生构造一个给定句型的问题形式（question form）的能力。在练习中可以配合该句型的肯定形式来进行。注意：不是所有的句型都可以径用“V-not-V”来否定。譬如，“S + Adv + V……”的问句形式一般是“S + 是不是 + Adv + V……”。比较下面的两个句子：

* 你很喜欢不喜欢汉语？

你是不是很喜欢汉语？

同样，问句法虽属训练的内容，但也可作为一种有效的训练方法。因为它经济实用，故可提高和保证训练的速度。如：

教师：我的朋友喜欢中国茶，你的呢？

学生：我的朋友也喜欢中国茶。

教师：Question（about）中餐。

学生：你的朋友喜欢不喜欢中餐？

教师：（指另一个学生）回答（answer）。

由于问句法也是以原有句子为基础（重复原句），所以使用的时机和场合与否定/肯定法一样，一般用于应该重复以加强记忆的好句子，以及当教师突然忘记下一个句子的时候（亦即用原句的问句形式来争取时间，组织应变，避免中断）。

四、合唱法

合唱法是大家齐说。它是提高和保证人均开口率的最重要的形式。如果说语言训练不能不因人施教（单说）因而得牺牲人均开口率的话，那么合唱就是提高人均开口率（或输出率）的唯一形式。因此，训练不能没有合唱，它既可以用来帮助学生记住生字、生词，也可以用来矫正发音，同时还可以把阶段训练推向一个小高潮（高潮效应），把分散的注意力收回训练中来（收拢效应），预示阶段训练告一个段落（段落效应），还有其他训练的功能。

五、句型转换法

用于练习两个可以互换的句型（主动/被动、formal/informal 等等）。比如：

目标句型1：A 影响 B

目标句型2：B 受到 A 的影响

教师：美国学中国的做法，用句型1怎么说？（手指黑板句型1）

学生：中国影响美国的做法。

教师：用句型2怎么说？

学生：美国受到中国的影响。

教师：文化上呢？经济上呢？教育上呢？

六、成分替换法

一句话说全了就可能有“主、谓、宾、定、状、补”六大成分。成分替换法是利用句子成分的替换达到句型和词语的练习。譬如：

目标句型：A 离 B Adj

教师：哈佛离 MIT 很近，离纽约呢？

教师：华盛顿离 MIT 呢？

教师：纽约离北京怎么样？

教师：Question 哈佛和耶鲁。

毫无疑问，用好这种方法，教师要事先准备好一套"成分替换词"，记在心里（至少课前写好，课上一瞟即知），才能避免上课冷场、卡壳或中断。

七、翻译法

翻译法最简单，比如，给英语让学生说汉语。这种方法一般忌用，只限于练习词语。譬如，练习"学"指"学科"的时候：

教师：书上说鲁迅是什么家？

学生：是文学家。

教师：怎么说 literature？

学生：文学。

教师：那么 philosophy 呢？

学生：哲学。

教师：linguistics 呢？

学生：语言学。

八、情景图具法

语言教学课上话语情景的引进一般有两种方式：一、言行引入法；二、图具引入法。前者用语言和动作创造一种情景；后者用图像和教具创造一种情景。语言都是在一定的环境中习得和使用的，然而，训练课上设置情景和创造语境的目的，不仅仅是让习得者得到准确的用法（了解词语语用意义），更重要的是保证习得者能在有限的时间内（50 分钟一节课）获得最大限度的输入与输出。换言之，情景不仅是习得的目的，而且是训练的手段。我们的原则是：通过手段达到目的——运用"在有限时间内最大限度地输入与输出"的方法来达到"在语境中习得语言"的目的。事实上，正是心目中的这种"在有限中求无限"的原则，促使有经验的教师只选择"图具引入法"来设立情景，很少选用"言行引入法"，除非三言两语即可设立情景。如：

教师：（对学生A）你是个体户；

（对学生B）你是记者，你采访他（学生A）。开始！

有经验的教师三言两语，即可切入主题，可谓“两语设景法”——这是下面介绍的“言行引入法”的前提。但要注意：这种方法只适用于两人对话。用之于课堂时，要考虑到其他人怎么办？力避拿“情景习得”的理由来牺牲“人均开口率”的大原则。训练课上，习得者若不能输出或输出量大减，再“合理”的方法也不要采用。如：

目标结构：V出来

教师：我的手里有三样东西，你们看，一个是糖块，一个是巧克力，一个是粉笔。现在我把它们都放在我的兜里（教师把三样东西一起放在兜里——这是“行”）。好，你们猜一猜，我现在拿出来的是什么？（从兜里拿出来一个，攥在手里——也是“行”）张大中，你说说！

张大中：不知道。

教师：张大中不知道，所以他猜不出来。大家说“他猜不出来”。

学生：他猜不出来。

上例中的“言行引入法”，言行可谓详矣；设景可谓备矣；然而学生却没有足够的输出机会。

下面请看图具引入法的两例。

图具引入法1

目标结构：V得DR

（教师将图6贴在黑板上）

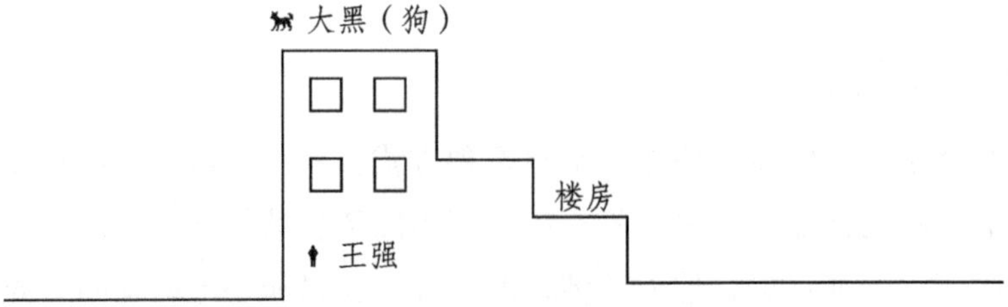

图6　大黑（狗）与王强位置图

教师：大黑（狗）在哪儿？

学生：在楼上。

教师：王强呢？

学生：在楼下。

教师：王强说“大黑，你come down!”怎么说？

学生：大黑，你下来！

教师：大黑说“I can’t”，怎么说？

学生：我下不来。

教师：（对学生 A）你觉得呢？

学生 A：大黑下不来。

教师：大黑“跳”行不行？问大黑！

学生：大黑，你跳得下来跳不下来？

教师：（对学生 B）你说呢？

学生 B：大黑跳得下来。/ 大黑跳不下来。

教师：（学生若肯定回答）Negative!/（学生若否定回答）Positive!

图具引入法 2

目标结构：V 得 DR

（教师将图 7 贴在黑板上。注意：鱼比猫大一倍）

图 7　小猫与大鱼

教师：黑鱼太大了，黑猫 can’t eat it，黑猫说什么？

学生 A：我吃不下（这条鱼）。

教师：黑鱼怎么说呢？

学生 B：我吃得下这只猫。

教师：你觉得呢？

学生 C：我也觉得黑鱼吃得下去这只猫。

教师：你呢？

学生 D：黑猫吃不下黑鱼，黑鱼吃得下黑猫。

教师：Question 黑猫。

学生 E：黑猫吃得下吃不下这条黑鱼？

教师：（指另一个学生）回答。

通过图具引入法，场景生动、直观地展现于学生面前，学生可快速用新学的句型进行描述，提问，回答。这样练习，印象会更加深刻，有助于长期记忆。

九、足句法

一般用于复句的练习。譬如：因为……，所以……；不但……，而且……。教师说前半句，学生补足后半句。如：

教师：他会说很多语言，不但会汉语，还怎么样？

学生：而且会________________

教师：大家说“全句”！

学生：他不但会汉语，而且会________________

十、综合法

综合法是上述几种方法的混合应用。这里要说明的是：训练须有法而又不拘于法。用什么法，不仅要看句型和词语而定，而且要因学生而异。初教不熟者必遵其法，融会老成者则可弃其法，视情况和效果而定。课堂教学也是艺术，初则守法，终必离法。运用之妙，存乎一心。因此，所谓综合之法，实即炉火纯青之境也。

第三节　高年级小班课的特别训练方法

以上十种操练方法，高年级小班课可以酌情选择采用。下面再专门列出几种高年级小班课特有的训练方法。

一、转述练习

用所学过的词语复述课文。教师可以把一些含有语法点的卡片和一些重要的生词卡片贴在黑板上，把卡片 / 句型分组让学生分段复述课文。

二、书面语和口语转化练习

高年级的教学要做到让学生在书面语及口语之间自如互换。在介绍书面语表达方式时，可以从学生所熟悉的口语表达方式入手，让学生将口语的表达方式转换成书面语。如下面带有书面语特征的句式：

1. 她每天以 0.5 元的出租费租给了班上的同学。

2. 中国出国旅游人数每年以 4.5% 的速度增加。

教师先总结出句型：S + 以 + No. + N + VP。

再给出下面口语常说的句子，让学生用上面的句型说出：

1. 我们每天学 50 个生词。→我们每天以 50 个生词的进度学习。

2. 我的房租是一个月 500 块钱。→我每月以 500 块钱的价格租住房子。

同样，也要将书面语的表达方式转换成口语的。如鲁迅的《故乡》中的句子：

在海边种地的人，终日吹着海风，大抵是这样的。

可以让学生用“整天”和“大概”分别替代比较书面语的“终日”和“大抵”。

三、讨论引导练习

高年级的讨论是提高学生整段表达的最好手段，大班课可以简短讨论，小班课就应该展开讨论。引导学生深入讨论的一个重要方法就是：教师站在学生的对立面，鼓励学生与己争论；或引用与学生观点不同的反例，启迪学生思维。这时教师要表现出 3 岁孩子的好奇，60 岁老人的耳顺。作为一个语言教师，不必计较学生观点的对错，而是着眼于语言的准确。比如，在三年级教材中，有一篇报刊上的文章《老夫少妻为何增多》，其中有一句：“大家觉得嫁什么人完全是个人的事，跟别人是没有关系的。”教师可以引申问：“婚姻是不是个人的事？”很多学生都认为是个人的事。教师可以反问：“既然婚姻是个人的事，为什么美国的大多数州仍不承认同性间的婚姻？”通过这样的引导，激发学生的讨论热情，练习本课的生词与句型，进而加深对婚姻、家庭、社会等问题的理解。

四、口头演讲训练

学生定期做口头报告，有助于综合提高学生的写作、口语和演讲能力。但一定要先做好前期准备工作。教师可结合相关课文所学内容，给学生布置任务，比如，针对课文内容去采访到中国留过学的学生，写出报告，经教师审阅后，在课堂上进行报告。其步骤可如下：

1. 写作文（鼓励学生用所学过的高级词语、句型）；

2. 教师批改文章；

3. 学生在台上演讲；

4. 学生演讲时，记下学生的错误，演讲完成后帮学生改正错误。

五、辩论训练

分组辩论训练不但可以增强学生的成段表达能力，还可以培养团队精神。教师可以给出特定词语、句型，鼓励学生用学过的词语、句型去辩论。可以有两种方式：其一是当堂辩论，先分组，然后交代辩论题目和要求。交代部分一定要简洁明确，不应占用过多的课堂时间。其二是堂上布置，课后准备，下次当堂辩论。这样的好处是学生们自己在下面准备，节省课堂时间。教师布置时一定给每组交代清楚每个人的任务；让每个学生都有均等的机会说话。辩论完后，不一定要评选出优胜组，但一定要改正学生语言上的错误。

第四节　小班课上课注意事项

一、课前准备

小班课一般 5 ～ 7 人，学生人数不可过多以保证每个学生有足够的练习机会。不可让学生坐得零零散散。教师可在上课以前把椅子摆成紧凑的半圆形。（参见图 8）

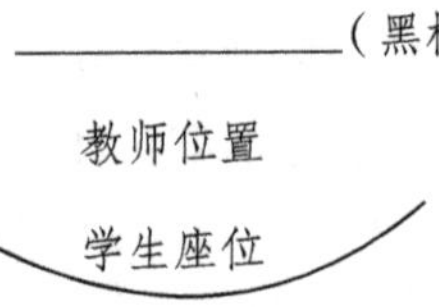

图 8　小班课座位图

这样做的好处是教师首先在位置上处于优势，即易于集中学生的注意力。此外教师还可以用手势、眼神集中学生的注意力，让学生能全神贯注地练习，紧跟教师的引导完成教学安排。

教师上课以前应当准备好要练习的句型问题，一般每个句型 5 到 6 个问题。至少应当保证每个学生一个问题。

当然，每位教师的教学风格不同，备课单也会不同。此外教师在备课单上还可以把用于句型间穿插引导的话写下来，尽量做到不说一句废话，让每个句子都是有意义、有目的的。

二、课堂表现

1. 教师上课时应当精神饱满，声音洪亮。试想如果连教师都精神萎靡，声音细若蚊虫，能指望学生精神饱满地跟这位教师学习吗？注意：教师上课时所站的位置和教师的精神状态直接相关。前面提到教师的位置是在学生座位半弧对面的中心。此虽为最佳点，能比较容易地关注到所有学生，聚集学生的注意力，但是也不要整堂课都钉死在这个位置不动。在课堂活动开始几分钟以后，如果教师感觉到已经抓住了每位学生的注意力，可以适当地在半弧形内来回走动或者走到某一位学生面前表示关注。这既可以给学生施予一定的压力，也是显示教态的好办法。这时候教师不用太担心忽略其他学生，因为这时候学生会跟着教师的动作转移，上课初聚集起来的注意力不会很快分散掉。当然，教师对个别学生的关注时间不可太长。因为时间过长的话也会很容易失去对所有学生注意力的掌控，也无法表现教师的课上教态。

2. 教师的手势非常重要。教师的手势之所以非常重要是因为手势是教师和学生之间的一种重要交流方式。教师通过手势表达意愿，指挥学生。学生根据教师的手势了解教师的意图，做出适当的反应。这就像指挥和乐队的关系：乐手们通过指挥的手势了解他的意图进行演奏。所以，教师的手势应当简洁明确且要大方有力。

我们先来看简洁。语言课堂上教师的手势要避免复杂，尽量简单，任何学生都能很快会意并习惯。如果教师做一个手势让学生猜半天不知其意，不但浪费时间，且师生双方的情绪恐怕都会受到影响。教师的手势虽然简单但是并不等于不清楚。教师的手势一定要明确：单人说还是大家合唱？说得好还是不好？要学生合唱的时候教师可双臂做大幅度动作，示意所有学生一起练习。提问单个学生时要面对此学生，单臂挥出做出指示动作。不要用手指指学生，尤其不要用中指指学生。

我们再来看看大方有力。对于新教师来说，面对那么多学生别说做手势了，就是站在前面也觉得怪别扭紧张的。所以新教师往往会犯的一个通病是做的手势又小气又没有力度。如果动作幅度小，先不说指示清楚不清楚，明确不明确，就是看恐怕都看不见。教师动作一定要大方，稍带夸张和力度。其实如果教师的动作大方有力，先就带出一股气势，表现出一种自信。这样非常能让学生信服，愿意跟这位教师进行课堂互动。建议新教师用大幅度、有力的动作来掩饰信心不足或者情绪紧张。

做手势听起来好像很简单，但是要真正做到上面提到的几点其实并不那么容易。建议教师在上课以前对着镜子练习，看看自己的手势是不是清楚到位，大方有力。

3. 教师的眼神也非常重要。除了教师的手势，另一个师生互相交流的重要方法就是眼神交流。在课堂上教师和学生的眼神交流非常重要。首先，教师一定要直视学生。面对单个学生的时候更要直视学生的双眼。这不但表现出教师对学生的关注，而且也传达出一种自信。如果教师眼神躲躲闪闪，游移不定，会让学生觉得这位教师对自己的课没有自信，且对学生没有兴趣。试想如果学生对教师有这样的印象，课堂气氛会好吗？全体练习的时候教师应当来回扫视学生表示关注。提问单个学生时则应直视学生双眼，不要躲闪。

4. 教师提问学生要注意保持均衡，提问时注意不要总是提问某几个人。比如，总是问说得比较好的学生，不问较差的学生。此外不要按照一定顺序（如总是从左到右或者总是从某一个学生开始）提问。教师点人回答问题的时候要注意以下两点：第一，随机性；第二，均衡性。“随机性”是说教师提问学生的时候没有一定顺序。在学生看来是随机的，每个人都有可能被点到。这样做的原因是使学生随时保持高度紧张，精神集中，关注教师的每一个问题，做好回答的准备。如果学生掌握了教师的提问规律，在等待别人回答的时候一定会抱放松心态：“反正还没轮到我呢，可以先休息休息。”这样一来精神必定涣散了。教师要再聚集学生的注意力就很困难了。这样的课势必没有效率，因为教师必定会在聚集学生注意力上浪费很多时间。所谓“均衡性”是指提问好学生、差学生的次数均衡。当然每个学生得到的问题不可能完全平均，但是教师一定要做到心中有数，对于问了哪个学生几个问题要清清楚楚。尽量大体平衡。不要让好学生觉得教师总是问自己，更不要让稍差的学生觉得教师完全放弃自己，根本不被提问了。

汉语训练的诸多技巧中，问答法是最基本、最常见的方法。实际上，一个教师的教学功力如何，问题一出，便知高低。提问技巧很重要，它可以使课堂教学自然顺畅，也可使教学进程崎岖滞涩。很多学校、暑期班、培训项目等将提问列为语言操练课四种基本方式的首位。另外三种方式是：领唱（建立金字塔式的范句）、单唱（单独练习）和齐/合唱（集体练习）。把课堂提问技巧的培训放在一个非常重要的地位，花很多时间和精力来训练教师的提问转换技巧。比如，普林斯顿中文项目学生对教师教学评估表上的五条评项中，有一条是教师引人学生参与的技巧（soliciting student participation）。不少培训手册或培训班总结出很多种提问技巧，详细地列出很多不应问的问题。这些要求体现了很多教师的经验之谈，对新手上路无疑具有重要和深刻的指导意义。

5. 提问过程中可穿插“大合唱”（全体合说）、“小合唱”（某几个人合说）或者“单唱”（单人练习）。

6. 碰到学生“卡壳”应该怎么办？前文中曾提到碰到学生回答不出问题的时候教师应当如何应对。在此再次强调教师应当根据学生的情况做出应对：对于水平较差、不太可能在合理等待以后组织出正确句子的学生，教师要尽快转移，得到目标句子以后可再转回此学生，要求他做重复练习；对于有潜力答出问题的学生一定要耐心等一下，不要急于转移，否则可能伤害学生的自尊心。在改错的时候，如果某学生总是改不过来，可以先给出标准句子，做大合唱或小合唱，再转回此学生做重复练习。这样既不会造成停滞，浪费时间，也不至于让学生尴尬。

7. 对单人提问时，最好先提出问题，再点学生回答。做到这点很重要。因为如果先点了人再问问题，教师明显传达出一个信息：我在问这个人，别人可以放松了。为了让所有学生能紧跟教师，注意力高度集中不分散，教师一定要先问出问题，同时用眼神扫视所有学生（千万不要盯住某位学生）。这样，教师传达出的信息是：我在问你们所有人，每个人都应当听这个问题并准备回答。

8. 学生回答出预期句子以后教师不要重复学生的句子，也不要没有任何反应。应当立刻给出反馈“很好”“不错”或“不对”“错了”。有的教师觉得学生说出一个句子很不容易，往往就把“很好”“非常好”当成了口头禅。这样做不但让教师的赞扬贬了值，而且会害了学生。对于错句一定要纠正，只有学生说出真正好的句子才能表扬。前文还提到教师要在反馈中带出幽默，利用自己的反馈活跃课堂气氛，缓和学生说错时的尴尬。

9. 教师应当控制节奏，不可太慢，但也不能太快。每个句型既要保证练习充分，又不可拖沓冗长，浪费时间。做到这点其实并不容易。教师既要照顾到学生的水平，不能太快（水平较差的学生会因很吃力或听不懂而产生很大的心理挫折感，为今后的学习造成障碍），也不能太慢（对于水平较好的学生过慢就是没有效率，浪费时间），又要充分利用有限的课堂时间完成教学内容。一个有效的解决办法是备课的时候做课堂时间分配计划。对每个练习部分花多少时间要做到心中有数。难点、问题点多练；简单的语法点相对少花时间，做检查性练习后即可转入下一个语法点练习。

10. 小班课练习切忌让学生造句。造句首先费时。再者，学生在没有范句的示范及问句的引导下会出错，达不到操练巩固复习的目的，因而不应提倡。

第五节　小班课课堂操练之"忌"

上好操练课，除了要熟练掌握和运用上述方法外，还要格外注意其他一些相关问题。这些问题看似琐屑，实则关键，是语言教学法不可或缺的重要组成部分。下面是教师训练中常常提醒大家不能怎么做的内容，这里将其列为六大项。教师可以根据自己的教学对象和单位，酌情参考。

一、忌常见性偏见

1. 不要轻视教汉语，更不要轻视教初级汉语。

2. 不要觉得带学生念"bo、po、mo、fo"太乏味。基础发音工作最重要，教师应具有语音知识，还应改正自己的口音。

3. 不要觉得只有方块字才是汉语。

4. 不要只用"这是中国人说话的习惯"来回答学生的语法问题。教师应具有语法知识并能分清理论语法与教学语法的不同。

5. 不要"满堂灌"。尽量给学生说话机会。

6. 不要跟学生说英语。

7. 不要忘了你是在教外语，不是教母语。

二、课堂训练技能中的"忌"

1. 对学生的发音或句子的评论不要太多，更不能"节外生枝"。一般用"好""很好""非常好""漂亮""好极了"或者"不错""可以"等，或用英语"better"等。（对一年级学生）

2. 如果某个学生没听懂，不要让别的学生告诉他，不让学生"下不来台"。

3. 学生不会（不清楚或不了解）的问题，不追问。

4. 不打断学生的回答。可用手势告诉他"OK"，有错可待说完再改。

5. 练习句型不能没有合适的语境（context）。因此，不能让学生"用这个句型造一个句子"。训练不能用造句法（作业不同）。

6. 介绍语境不能说得太多。善于找出最适合的问题，带出最合适的情景。

7. 训练句型不能不练当天的生词。当然也要有计划地复习学过的生词。

8. 不重复学生的回答。

9. 不练习“快速听力”。教师说话要用正常的速度，同时视学生水平而定。

10. 对慢的学生，不“逼”，但是也不能只“等”。重要的是教师不烦躁，有耐心。在不降低速度的情况下“等”，在不影响学生自尊心的情况下“跳”，最终还回到答错或答不出的学生，以示关心。

11. 不能“生跳”（不等就跳）！但怎么跳，则灵活多变。其中大有讲究，值得认真体味，熟练掌握。

12. 不能限定学生回答问题的时间，不损伤学生的自尊心。

13. 训练课不练习“英翻中”——太费时间；不练习“中翻英”——不划算。

14. 训练课不能没有“合唱”。但是“合唱”一般是在正误和唤起注意力时使用，所以“合唱”的内容不宜太长，否则参差不齐，注意力涣散，适得其反。

15. 不能只跟一个学生练习而不顾其余。一旦警觉有注意力分散者，可先用合唱法把全体收拢起来，再用分问法唤起每个人的注意力。

16. 小班课不做长时间的领读——不划算。

17. 不代替学生回答问题。帮助学生完成句子，不等于代替学生回答。

18. 绝不能告诉学生“你就说‘……’这句话”，而要引导、启发学生回答问题。

19. 训练课不要“开场白”——开门见山，上来就练。

20. 不鼓励学生造太“奇怪”或太不合情理的句子（和有趣的句子不同）。

21. 不在训练时解释语法。语法问题下课个别解决或大班课集体解决。

22. 不在训练时引出没有学过的新句型和新词语。

23. 不能省、漏应该完成的训练内容和活动。如有个别情况完不成，要跟负责教师讲明，想办法补救。

24. 上课不前松后紧，或前紧后松。

25. 不能让学生跟着别人回答问题，以免滥竽充数。

26. 不能只站在一个地方不动。

27. 不能让学生坐得太分散。（根据教室的条件主动调整）

28. 不能离学生太远（让人涣散），也不能太近（让人难受）。

29. 学生回答，教师不能不“注意倾听”——事关课堂积极性。（至少表现如此，心里可以想下一个问题）

三、教师自身语言的“忌”

1. 教师的发音不能跟课本冲突；不带口头语，不带口音。教师说话不用课本以外的方言（包括语音、词汇跟句法）。

2. 教师说话不能太快，更不能“吃音”。不要求一年级学生“流利”，但一定要发音“准确”。

四、课堂对话问答的“忌”

1. 不直接批评，指出不足即可，但也要掌握分寸。尊重学生的创造力，多鼓励，多夸奖，但要避免“奖词”贬值——贬值的奖励令学生讨厌。

2. 不能表示出对学生的偏爱和厌恶。在原则问题上，一视同仁；在教学方法上，因人施教。

3. 不问私人问题，不问学生不好意思回答的问题。如“你的鼻子好看吗？”“你的父母谁漂亮？”若要练习问题中的词语和句型，找熟悉的公众人物。

4. 不问过于敏感的社会问题。如“你赞成同性恋吗？”过于敏感的问题，学生不敢发表看法。

5. 不说种族歧视、性别歧视的话。

6. 问题例句不能单一，更不能浅俗，如“渴不可耐的时候，喝尿 / 喝血可以吗？”问题既要多样化，又要有挑战性，以激发学生的好奇心，提高其参与感。

7. 如果学生经努力而造出好的句子，应视情况让他（或大家）再重复一遍，参见前文否定 / 肯定法和问句法。

8. 不要先点名再问问题。而是“先问后叫”，问题一出，人人思考，个个参与。

9. 不问“yes/no”问题。（学生答得太短）把问题化为“你呢？”或者“你觉得呢？”多问“wh-word”问题——什么、哪儿、什么时候、谁、为什么。

10. 不问、不重复学生的错句。如学生说“我没吃了早饭”，教师不重复错句，不问“可以这样说吗？”不强化错误的输入，直接说出正确的句子。

11. 不问学生“这个词 / 句子，英语是什么意思？”（学生是来学汉语的）

12. 不问课文的每项内容。把课文内容抽象为几个重要问题，变成练习句型的问题提出来。

13. 不问长句和繁杂句。“长话短说”：把长句先分节训练，再整体重复。“化繁为简”：用简单句套出学生的复杂句。

14. 不问学生不能马上想出来的问题。如“怎么打领带？”（描述打领带的过程对操母语者亦不容易）

15. 不问自己不能控制的问题。如“‘了’和‘过’有什么区别？”很少有人能在短时内说清两者之间的差别。

16. 不问跳跃过大的问题。如正学在饭馆儿吃饭的内容，突然问“首都机场大不大？”在饭馆儿吃饭与首都机场大小两者之间缺乏有机联系；提问应该在意义相关、词义相近的邻近区域内渐次展开。

17. 不问猜谜式的问题。如“我的水没有了，谁拿走了？”猜谜的回答大都简短。

18. 不问过于具体的问题。如“文中哪一行写了电话号码？”提问的目的是考查学生的语言能力而不是记忆力。

19. 不问过于宽泛的问题。如“三国里谁最勇敢？”难于回答。

20. 一般不问析词辨义的问题。如“海市蜃楼是什么意思？”“单枪匹马是什么意思？”学生掌握用法就行。

五、课堂改错的“忌”

1.（语音和语法）改错要严，树立自己的专业形象。

2. 改发音，一定要说出“错在哪儿”。了解学生发音上的困难和问题，并熟悉和掌握纠正的方法，指出具体问题所在。现以美国学生为例，如“知道”学生说成了“/ji-dao/”，教师要具体指导说“知”要“more retroflex”；又如“雨”学生说成了“/yo-u/”（用“u”收音），教师要具体指导说“more /i/”。总之，不能只让学生“听我说”，更不能让学生“听他（其他学生）说”。

3. 不能不改错！有人说：“不改错，是失职。”话虽尖刻，但不无道理。请看学生的有关评语：

Please pay more attention to our tones.

I feel like I am not being corrected enough. I know I make many repeated mistakes, and I wish the teachers would correct me more. He never corrects tones.

I think we are all willing to be corrected. He should correct tones.

4. 对发音问题较多的学生，教师课上不能“死纠不放”（课下自当别论），更不能“听之任之”。抓主要问题，进行纠错训练，并注意鼓励。

5.对整句发音错误过多的学生，教师不能“每错必纠”。抓重点及有代表性的错误，予以纠正，进行训练。

六、教师自身修养和纪律的“忌”

1. 上课不要“总”回头看教案。教案可拿在手上，做到一瞟即知。

2. 教师不能迟到。一般早到几分钟，事先做好上课的准备。如：写好板书，准备好教具，等等。

3. 教师不在学生面前批评其他教师、教材以及评论其他学生。

4. 教师不能只“自顾自”——提倡团队精神，关心了解整体的运作，注意与上下年级之间的合作与衔接；同时，在学期结束时，应主动向学生介绍和推荐以后应修及可选的课程。

上面的这些“不”都是经验之谈，有的是原则性的，有的则是根据对象不同而有所不同。事实上，这些都是我们训练新教师的必备材料，因此无论如何，这些对新手来说，是十分有用的。还是那句话，再好的工具也要会用，“运用之妙，存乎一心”。

第五章　语体语法与书面语教学

目前二语教学的一大瓶颈就是高年级教学。谈到高年级汉语教学，人们自然地联系到书面语（written language）。说起书面语，人们会将报刊文章、新闻广播用语、学术文章、文学作品等视为一体，以别于口语（spoken language）。那么，口语与书面语仅是口说和手写的差异吗？它们究竟有何不同？这是“瓶颈”所在的一大问题。我们认为：其根本分别就在于语体的不同。语体有正式与非正式之分，因此口语是非正式的语体，而书面语则是正式语体（包含政论体、学术体等不同正式语体的“分体”）。有人说书面语是目治的，口语是耳治的。这是“语”和“文”的分别，不是正式与非正式的不同。假如正式的语体不能口说，那么就会得出离开“纸”就没有正式语体的错误结论。显然，接见贵宾、庄重会议和庄严典礼上的讲演和致辞，都是“可说的”正式语体或庄典语体。因此，书面语和口语的区别不仅是“目治”和“耳治”的不同。口说的也可以笔记，正式的也可以口说。

那么什么是书面语呢？首先，书面语不是一个严格的术语。事实上，它字面上的意思常常给人以误导，认为是写的，不是说的。所以，我们建议不用这个术语，除非给出严格的定义。譬如，把书面语严格定义为：写下来的、可以口说的正式语体（它是正式语体的一部分）。注意：“口语”也可以是“写下来的非正式的语体”。就是说，我们可以有“写下来的、可以口说的非正式语体”和“没有写下来的、口说的正式语体”。严格地说，我们所说的语体应该包括：

1. 写下来的正式语体　　　　= 文字化的书面正式语体
2. 没有写下来的正式语体　　= 非书面形式的正式语体
3. 写下来的非正式语体　　　= 文字化的口语语体
4. 没有写下来的非正式语体　= 非书面形式的口语语体

书面语和口语这两个术语只能表达四种语体概念中的两种，这就是它们之所以极易给人以误解的原因所在。因此有必要用书面正式语体和口语非正式语体来重新定义，当然，有没有“写下来的、不可以口说的正式语体”呢？亦即有没有纯目治的、只能读不能说的语言呢？即使有，也不是我们这里讨论的问题。[①]我们要知道的是“为什么语言有语体”。我们先从语体的基本原理谈起。

第一节　语体语法的原理

一般来说，语体是人们在语言运用过程中，根据交际的内容、对象、范围、语境和交际目的不同所形成的言语行为的体式。语体的概念可以这样定义：它是实现人类直接或间接交际中最原始、最本质的属性（亦即确定彼此之间的关系和距离）的语言手段和机制。换言之，语体是实现“直接交际”最原始、最本质属性的手段之一，当然直接交际的语言也包括肢体语言、象声语言等等。注意：人们交际的目的和方法多种多样，但其最原始、最本质的属性是确定彼此之间的关系和距离；也就是说，通过面对面的现场交际以达到确定和调节彼此之间关系和距离的原始目的。而语体就是用语言来确定或调节“彼此距离”的一种手段或机制。调节彼此之间的距离有如下几种：

1. 拉远距离，通过使用特定的表达方式使得交际双方产生距离感；
2. 拉近距离，通过使用特定的表达方式使得交际双方关系密切；
3. 保持原来（一般）的距离，也就是人与人之间的基本距离。

这样看来，语体有通过语言将交际双方关系拉远、拉近或保持一般距离的交际功能。据上述定义，语体有别于文体或文类（genre）——语体是构成文类的基本元素或要素。

拉远距离可以有两种方向:（1）水平向（2）垂直向。如图 9 所示：

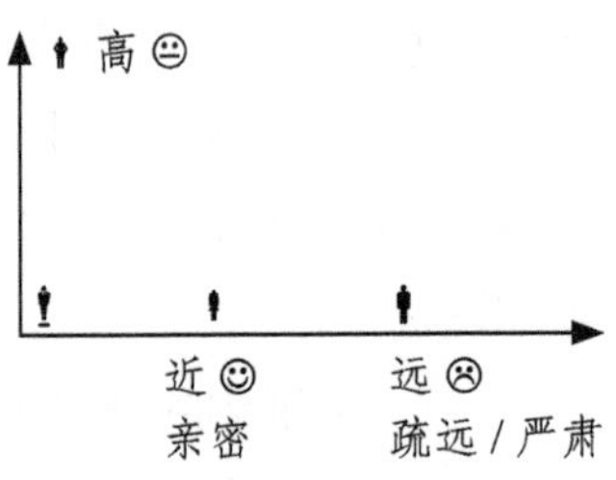

图 9　语体的交际功能

① 赵元任在 *Sayable Chinese* 一书的前言中谈到有“what the Chinese write (is) for the Chinese to read, not to say”的情况，但至今未见对此进行的深入研究。

水平方向的远近是指正式与非正式语体的差异，而垂直方向的高低则是指庄典体与俗语体的差异。正式语体与庄典体都会给人以距离感，非正式语体及俗语体则会给人以亲近和平易的感觉。正式与非正式实际就是语体机制中的一种交际手段。正式语体给人严肃感，起到了拉远距离的作用。比如说，一位摆架子的官员如果回乡探亲，对发小儿说“十年未见，如有困难需要帮助，我会认真考虑并加以解决”，势必会拉远二者之间的距离。但是，如果这位官员使用乡音，拉着发小儿的手说“兄弟，多年不见，有啥要帮忙的，尽管开口”，一定会拉近二者之间的距离。所以，我们可以总结如下：

正式（严肃）　= 拉远距离

非正式（随便）= 拉近距离

事实上，这种语体所带来的距离感不只是现代语言的现象，在古代典籍中，我们也可以看到有关交际的文字记录，如在《五行》经文第十二章中有“不袁（远）不敬，不敬不严，不严不尊”（马王堆汉墓帛书），尊敬、威严来自于距离的“远”，因此孔子说“敬鬼神而远之”，就是用“远距离”来保证“敬”的实现。在《荀子·礼论》中也有类似的论述“迩（近）则玩，玩则厌，厌则忘，忘则不敬”，意思是人与人之间的关系太近（亲昵）就不会“敬畏”。可见，语体机制的意识和使用早有记载（《诗经》中的风、雅、颂就是民歌、国歌、神曲三种语体在诗歌中的体现），只是没有受到特别的关注而已。

一、正式语体及正式度

语体无时不在，因此其正式度也无时不有。说话交际除了对象、场所和内容外，“说者”与“听者”之间的文化背景也是交际中不可忽略的重要因素。如果说话者的社会角色（职业、职位等）决定着语体的正式度，那么说话者的文化背景和教养（家世、教育程度等）则决定着说话语体的庄典度。

正式度是最基本、最原始的语体范畴，是话语的本质属性。它无处不在，无时不有。也就是说，只要非私密场合，言语对象非亲朋好友，那么正式语体就存在。而庄典度则不同，它是说话者文化背景的反映。尽管每个人都有自己的文化背景，但只有文化优越（有家世、教育高）的人，才积极地表现和使用从其文化传承而来的庄典成分。

普通人在实际生活中，大多习惯选用中性（或零度）庄典度的语体（亦即“俗白体”）。庄典度与正式度相同的一点是受语言环境的限制与约束。举例来说，如果某单位领导回到家里对妻子说“今日晚餐要进行调整”，你会觉得他有点儿“职业病”；如果某位教授对自己的孩子说“饭时不宜出声！”恐怕也会被人笑为酸腐。前者属正式体使用不当；后者是庄典体使用不当，都是语体错位的表现。

由于文学艺术类对庄典程度的要求较高，学习汉语时，除了语言难度，对文化背景方面的要求也高，所以庄典度不是汉语教学的重点所在。但庄典度却又是学生在学习正式语体时不可避免的一个环节，因而有关庄典度的概念学生还是应该有的，尤其是在同义近义词语辨析时，除了帮助学生对词语语义的细微区别、搭配差异及所含褒义贬义语义进行比较外，还可以帮助学生将其按照口语、书面语词语归门别类，并根据其庄典度一一分析。譬如，英语的“if”在汉语中，因语体的差别会通过以下词语表达：

要是（口语）你喜欢，就拿走吧。

如果（口语）我是你的话，我就不去。

如果（书面语）命运是不可知的，那么我们的努力还有何用？

（倘）若（书面语）你遇到困难，他定会出手相助。

在教学中，如果教师告诉学生“要是”为口语常用词语，“如果”是口语和书面语都可用，而“倘若”则只是书面语（或庄典语）的词语，那么学生在写作中，就会避免因不了解语体差异而出现口语、书面语混搭的现象。要注意的是书面语并非完全独立于口语，正式与非正式语体中的某些词语及表达的使用也并非不能同时出现，但有了语体概念，无疑会有助于学生的语言向书面语转换。

二、庄典语体及庄典度

庄典与通俗也是语体机制中的一种交际手段。庄典体是通过古代语来实现的，因此只有受过良好教育的人才有可能使用这种庄典体，它让文化程度较低的人感到对方高高在上。如果想与文化程度低的人拉平距离，最好的方式就是使用通俗体。譬如，用庄典体可以说“文兄，贵体康健与否？”那么通俗体则可改为“文哥，身体没啥毛病吧？”因此，庄典体与通俗体的不同功能如下所示：

庄典（教育程度高、书香门第）= 拉高距离[①]

通俗（日常生活、平民百姓）= 拉平距离

---

① 这里距离的高、低、远、近，是指面对面的交际而言，因此是语体范畴。注意：距离决定语体，语体派生文体。譬如，菜谱这种文体也有作者有意无意中用语言调解着和读者的距离。如多用庄典词语，是意在拉高自己（或作品）和读者的距离；若多用口语则让读者有亲切之感。换言之，菜谱虽然是中性语体说明文的产物，但其语体风格也不是一样的。有人可能认为菜谱语体往往比较庄典，但庄典本身也有程度高低之别！事实上，各种语体（通俗、正式、庄典）都有自身程度高低的不同。菜谱为了达到典雅、简要的目的，用词简雅，自然会使用一些较为庄典的用语，如“少许”“片刻”等。也就是说，菜谱的庄典度也是有差异的，视对象、目的以及作品文化品格的不同而不同。

正式语体与庄典体都有拉远距离的功能，非正式语体与通俗体也都有拉近距离的感觉，但是正式与非正式对立不等于庄典与通俗对立。这是因为前者是从共时的、“严肃”“敬畏”的角度拉开距离，而后者却从历时的、“高雅”“庄严”的角度拉开距离，也就是说，前者属正式与非正式的语体范畴，而后者属庄典与非庄典的语体范畴。从拉距使用的语言手段上区分的话，前者以“现有用语”为工具，而后者以“古语今用”为手段。这可以一个丁字型“二元对立”语体模式来表示（冯胜利，2010a）：

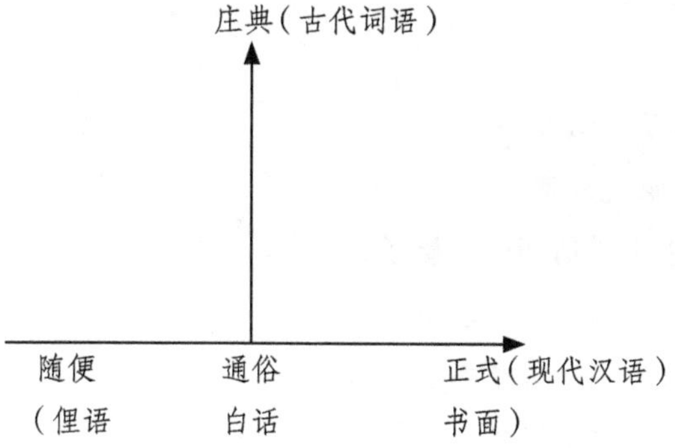

图 10　丁字型“二元对立”语体模式

三、语体的语法属性

语体不仅仅是正式与非正式、庄典与通俗或得体与否的问题，更重要的是语法的问题。有人问：语体语法是否就是所谓的口语语法？也有人问：语体语法是否和口语语法、书面语语法、韵律语法是一回事？当然都不是。我们知道语体是通过具体的语法形式来实现和表现的。“用特定的语法形式来表现特定的语体功能”叫作语体语法。语体语法是表现，或者说是为实现语体功能（俗常、正式、庄典）而产生的语法。语体语法和英语的“genre”“style”“register”所指的对象，虽然关系密切，但不完全一样。语体语法不是简单的口语语法。语体语法包括三个部分：口语体（非正式体）语法、正式体语法、庄典体语法。如果语法是为交际服务的，是因交际而产生的，那么就没有“没有语体的语法”。也就是说，没有超语体的语法。因此我们以往所说的语法都应当看作实现语体的语法。理论上说，句法、词法、语义、语音等语法层面（components）上的规则，不仅均具有语体的属性，有些本身就是为实现不同语体而创造或派生出来的（尽管创造语法的规则与为了语体而创造语法的动机是两个问题）。根据这里的语体理论，我们一开口就离不开语体，而人们说话也离不开语法。因此，没有语法没法说话，但说话没有对象、场合、态度和内容，也不成话（古人叫作“不辞”）。人们开口是为了交流。交流离不开对象、场合和内容（包括态度），而对象、场合和内容又决定着怎么说、在哪儿说、说什么的“法”。从这个意义上讲，形式语法、韵律语法都是为语体语法所使用的“工具”。换言之，形式语法、韵律语法与语体语法不是一回事，形式语法与韵律语法是实现语体的手段和方式。不同语体各有自己的语法体系，比如说，我们前面谈到，初级汉语教学要告诉学生：汉语的“和”只能连接两个名词性短语，不能连接两个谓语动词。这本不错，但是放到语体语法体系里面就错了。为什么呢？请看：

非正式体语法

*今天我们学和读了一首唐诗。

*警察查和捉了一批走私犯。

在正式语体中，这一规则却被打破了：

正式体语法

今天我们学习和朗读了一首唐诗。

警察盘查和捉获了一伙走私犯。

谁说“和”不能连接两个动词呢？正式体里就可以（双音节动词是正式体的产物，参见冯胜利，2010a）。有人曾说：语体就是修辞。这种提法实际是尚未了解语体属性的片面看法。修辞属于才艺与技能，是选择性的；而语体是规则，属于语言法则的属性和范畴。迄今发现的大量实例均可以证明不同的语体是通过不同的语法形式来实现的，最为明显的就是正式语体中大量的、我们称之为“合偶词”的双音节词，它们不遵循口语非正式语体的语法。譬如：

非正式体语法	**正式体语法**
补轮胎	修补轮胎
把轮胎补补	*把轮胎修补修补
冲照片	冲洗照片
冲冲照片	*冲洗冲洗照片
*照片冲	照片冲洗
*照片的冲	照片的冲洗
*关于照片的冲	关于照片的冲洗

从以上例子中，我们可以看出同样的句式在口语中是合法的，但在书面语里却不能接受。我们在口语中可以说“把照片冲冲”，在正式体中却不能用这一结构说“*把照片冲洗冲洗”。

四、语体与文体的区别

谈到语体，首先要区分语体和文体。语体和文体有着密切的联系，但语体不是文体。语体是说话的体式，是一种话语交际的方式或结构系统。文体则指的是诗、词、曲、赋、散文、小说等，或者菜谱、说明书、驾驶手册以至于新闻、评论、广告等。

语体是直接交际的产物，是说话者和听话者在交际时产生和遵循的原则与规律，也就是常说的"见什么人说什么话"。工人之间的对话与教师之间的对话是有很大的差别的。教师若用平时和同事之间谈话的语气与工人师傅交谈，会有明显的距离感。同样领导干部开会时的用词和语气也和与家人之间的对话有明显的不同。

语体的属性可以归纳为两种对立的形式：一种是日常性的或亲密随便一类非正式的话语交际；另一种是非日常性的或严肃庄重一类正式的话语交际，[±正式性] 这是语体的基本要素。任何话语的交际都离不开正式度，或者非常正式——让人紧张，或者非常随便——让人放松；也可以偏紧偏松，或亦庄亦谐；若不庄不谐则是中性的"正常方式"。总之，不存在没有正式度的话语交际，即使是零度也是一种度。因为人们一开口就不能没有对象。有对象就一定有场所，交际的场所也成为决定语体正式度的必要因素，在家还是在单位，是五人小组还是万人大会，是公开的还是私密的，场合不同则说话的方式（庄重度或者随意度）也不同。只有语体错位的话语现象，没有无语体的话语现象。因此交际的对象、场所和内容（包括说话者的目的和意图），决定了语体无时不在。

文体既可以指文章的体裁（如论说文、记叙文、抒情文、新闻体、社论体等），又可以指文学作品的形式（如诗、词、曲、散文、骈文、小说等）。文学作品的内容虽来自生活，但人们在实际生活中，不可能用词曲或诗歌的作品做直接交际的工具。换句话说，语体是人与人在面对面交际时，根据不同背景的对象所采用的不同语言表达的手段，而文学体裁则是人们用来进行创作和抒情的。因此，文艺体没有在场直面进行交流沟通的对象。虽然文艺体也传递信息，但是这种信息的传递是基于作者本人的表达创作需求，一般来说不可能根据读者的文化背景、社会地位、场所差异对自然语言的表述方式进行调整。从这一点上看，语体是有交际条件（对象、场合、内容）的语言机制，而体裁的形式则是相对固定的（诗有固定的格式），是拘泥于形式（文章体裁）的。

语体虽然不是文体，但语体却是文体产生的源泉。正式和非正式除了可以表现说话者的身份地位等方面的特征外，还可以促发文体形式的发展，它是不同文体构成的动力和组成要素。叙述故事一般都用非正式的语体，论证时事多用正式语体，而说明文则常常使用零度语体。如果官方政府的文件多使用正式体，文艺学术作品则是多使用庄典体，那么尺牍文学便可以看作是通俗语体和庄典语体的艺术结合。

虽然理论上，语体和文体的内容不同，其构成的原理也不一样，因此分属于不同的研究领域，但语体和文体不仅相互作用，也彼此交叉：语体可以创造文体，而文体的发展也丰富了语体的表达。至于哪些文体能够在实际交际中为语体服务，不仅是文体研究的内容，也是语体研究的重要课题。

五、语体的文体化

这里“文体化”的意思是指正式和非正式、庄典与非庄典的成分，通过不同的组配比例来实现不同的文章体式或体裁的过程与规律。根据语体理论，不同的语体成分在不同类型或体裁的文章和讲话里，其组合方式和使用比例都是不同的。因此，我们可以通过不同语体的成分或特征在不同文体里面的不同分布和组合，来学习和掌握文体类型的教学和写作。这不仅是语言学本体研究的一个新课题，更是二语教学切待突破的一个新领域。也就是说，我们将来的文体教学有可能创造和使用一种由不同语体成分“配化”而成的文体分析法。譬如，就说明文、议论文和记叙文这三种基本的文体而言，我们可以从语体的文体化标志上，分析出它们独特的文体属性。举例而言，《中国石拱桥》（茅以升）、《说“勤”》（林家箴）、《背影》（朱自清）这三篇中的语体文体化标志是：

1. 说明文的叙写法（零度语体 =“中等距离交际”在文体上的反映）

永定河上的卢沟桥，修建于公元1189到1192年间。桥长265米，由11个半圆形的石拱组成，每个石拱长度不一，自16米到21.6米。桥宽约8米，路面平坦，几乎与河面平行。每两个石拱之间有石砌桥墩，把11个石拱联成一个整体。……桥面用石板铺砌，两旁有石栏石柱。每个柱头上都雕刻着不同姿态的狮子。这些石刻狮子，有的母子相抱，有的交头接耳，有的像倾听水声，千态万状，惟妙惟肖。

所谓的叙写法是指说者和听者保持一般距离，所用格式都是零度语体的特征，如（依出现先后为序）：

……上的……，……于公元……到……年间。……长……米，由……个……组成，每……长度……，自……米到……米。……宽约……米，路……，……与……平行。每……之间有……，把……个……联成一个整体。……用……铺砌，两旁有……。每……上都V-着不同的……。这些……，有的……，有的……，有的……，千态万状，惟妙惟肖。

零度语体特征是指叙事者采用不带感情色彩的句式和词汇，以客观的语气向读者就某一物品或某一具体操作经过所进行的描述、解释和说明。读者在读此类文章时，也会心绪平和地获取相关信息。零度语体使得作者和读者之间保持不远不近的中等距离的交际关系。这是就一般情况而言；如果进行更细密的分析，譬如文白比例等等，则因对象、目的的不同而不同了。这里提出的只是一个研究的方向，一种分析的方法，大量的工作还有待将来的研究。

2. 议论文的推演法（正式语体作文体的反映）

议论文是通过使用正式语体以对某个问题或某个事件进行分析、评论，表明自己的观点、立场、态度、看法和主张的一种文体。这种语体所使用的往往是“带有逻辑推演、主观色彩”的正式语体的结构与词汇，有与日常生活拉远距离的明显效果。如林家箴的《说“勤”》一文：

可见，任何一项成就的取得，都是与勤奋分不开的，古今中外，概莫能外。

……

这说明，即使有些天资比较差、反应比较迟钝的人，只要有勤奋好学的精神，同样也是可以弃拙为巧，变拙为灵的。

实践证明，勤奋是点燃智慧的火把。一个人的知识多寡，关键在于勤奋的程度如何。懒惰者，永远不会在事业上有所建树，永远不会使自己变得聪明起来。唯有勤奋者，才能在知识海洋里猎取到真智实才，才能不断地开拓知识领域，获得知识的酬报，使自己变得聪明起来。高尔基说过：“天才出于勤奋。”卡莱尔也说过：“天才就是无止境刻苦勤奋的能力。”这就是说，只要我们不怠于勤，善求于勤，就一定能在艰苦的劳动中赢得事业上的巨大成就。

如果我们把其中的“论证句式”提炼出来，不难看出“推演特征”为议论文所独有，如（依出现先后为序）：

可见，任何……，都……，古今中外，概莫能外。这说明，即使……，只要……，同样也是可以弃……为……，变……为……的。实践证明，……是……。一个……的……，关键在于……。……者，永远不会……，永远不会……。唯有……者，才能……，才能……，使……变得……。……说过：“……”……也说过：“……”这就是说，只要……，就一定能……。

以上句式中的“任何……，都……，古今中外，概莫能外”“永远不会……，永远不会……。唯有……者，才能……，才能……，使……变得……”及“只要……，就一定能……”，均带有强烈的推演判断的逻辑色彩，同时又有明显的超越具体时空的构语特征。譬如，“唯有……，才能V”中的“V”，一般不能带“了、过、着”。请看：

唯有勤奋者，才能在知识海洋里猎取 * 了 / 着 / 过到真智实才。

我们知道：论说文的句式大多是抽象的。从语体的角度上看，超时空（或去时空）正是抽象的一种必然的手段。因此，书面正式用语的结构，离开语体的属性，就会变得支离破碎，无所根属；而有了语体理论的原理，则万象归一，恰然理顺。

3. 记叙文的动链法［通俗语体（近距离交际）在文体上的反映］

与议论文相反，记叙文所使用的句式及词汇往往较为通俗具体。惟其如此，才能达到近距离交际的目的和效应。朱自清的《背影》一文，正是通过使用典型的近距离语体的动链法，来传达作者个人的情怀（没有具时空，就没有个体情感）。请看：

我看见他戴着黑布小帽，穿着黑布大马褂，深青布棉袍，蹒跚地走到铁道边，慢慢探身下去，尚不大难。可是他穿过铁道，要爬上那边月台，就不容易了。他用两手攀着上面，两脚再向上缩；他肥胖的身子向左微倾，显出努力的样子，这时我看见他的背影，我的泪很快地流下来了。

撇开许多其他“具时空”的特征不谈，而只聚焦在我们所谓的“动链法”上：这是一种用接连不断的动词（动作）来讲述故事（具体事件）的叙事体方法。就上面故事中的“动词”而言，它的“动链”是由下面一串动作所组成的：“看见……戴着……穿着……走到……探身……穿过……爬上……攀着……缩……倾……努力……看见……流下来”——13 个动作组成一条“动作链”。我们之所以把“动链法”看作口语语体在文体（亦即记叙体）中的表现，是因为“动链法”可以把听者 / 读者拉进（而不是推出）事件情境中，是语体拉近距离的手段之一。这只是其一。其二，我们之所以把“动链法”看作记叙体的标记，还因为其他的“文体化”功能，即“近距离—具时空”是记叙体的典型工具。譬如，“说明文”或“论说文”，从语体的角度说，都不能使用这种方法来成“体”（不是不能用，是不能用它来成“体”）①，因为“说明文”属于无距离（零度）语体的范畴，而“论说文”则属于远距离正式语体的范畴。口语体和正式体互不兼容，前者要求近距离，后者要求远距离（零度体 = 无距离，也和口语体不兼容）。所以上述三种文体不仅可以从语体上来分析，而且其所以成体的根本，就在于它们语体的属性。当然，我们也看到问题的另外一面：赋有自然语体属性的文体（如议论文的正式性）不是绝对不能接纳相异语体的内容，然而那是“间体”的操作，不是“成体”的根本。“以人成己”的结果：好的，嬉笑怒骂皆成文章；坏的，画虎不成反类犬，不伦不类。事实上，诸多文体的不同，正是不同语体要素巧妙配制的结果。

① 把其他的语体用在自己的语体里（如孔乙己把庄典体“多乎哉”用在日常谈话体中）是“间体”行为和操作，不是“成体”过程。因此，在文体组配的语体形式分析中，一定要分清楚什么是“间体”行为和现象，什么是“成体”现象和操作。

这无疑为我们将来研究文体的不同构造和来源，开辟了一条新的研究途径。而在二语语法教学中，教什么，教哪些，哪些可教，哪些不可教，哪些语体语法外国学生缺少“体感”（=语体语感），哪些掌握起来难度极大，等等，则又是一个崭新的领域。

总之，如何区分和鉴别初中级和中高级语法的内容和条目，逐渐成为飞速发展的二语教学事业的障碍与瓶颈，是目前汉语作为外语教学的一个攻坚堡垒。有鉴于此，我们提出“三一语法”（参见本书第一章第五节）和“语体语法”配套而行的方案，或可提供一条突破障碍、打破瓶颈的可行之路；它不仅可以加深教师对汉语本体的深入了解，同时还可以直接应用于二语教学，提高教师自身的语文素质及其课堂教学的质量。当然，从俗常、正式与庄典的角度来研究语体的语法和功能，且将其用于二语教学，是一个崭新而有待深入开发的重要领域。我们相信，更全面、更深入、更完善的工作，则有赖于同仁将来的共同努力。

综合语体范畴在使用中与交际对象（包括场景、内容之间）的交互作用，我们大抵可以勾勒出一个语体功能分布表，如表7所示：

表7　语体功能分布表

文体 / 文类	庄典	正式	俗白	随便
公务文件		+	（+）	
宗教祭文	+	+		
会议报告		+	（+）	
新闻广播		+		
报刊社论		+		
学术 / 美文	+	+		
家里聊天				+
跟百姓讲话			+	
相声 / 曲艺			+	+
诗歌	+	（？）		

从表7中我们可以发现，公务文件及会议报告的语体特征为［+正式］［+俗白］易懂。新闻广播和报刊社论的语体特征趋向［+正式］。宗教祭文、学术、美文类的文章特点除了［+正式］外，［+庄典］性较为突出。诗歌的突出语体特征为［+庄典］，至于其［+正式］特征，还有待于研究。相声、曲艺的语体特点为［+俗白］［+随便］，正是这突出的语体特征使得相声艺术更加亲民、近民，深得老百姓的喜爱。与老百姓

唠家常时，人们往往喜欢用较为通俗的语言，以拉近距离，故［+俗白］为其主要特征。而与家人说话时的主要特点就是［+随便］了。

毫无疑问，了解了文体中的语体特征，对于二语教学来说，不啻提供了一个语文和语法分析的新工具和新手段。然而，要想用好这个新工具，还需从根本上了解书面语体的基本属性。下面我们就介绍几种最重要的书面语体的特点。

第二节　书面语体的特点

一、文白交融

现代汉语书面正式语体的一大特点就是文白交融。这一特点使汉语书面语体与汉语口语体有很大的差别。书面语虽然有自己常用的词语，但并不排斥有某些口语的表述方式。而这些独特的书面表述形式都有其相对应的口语词语。如表 8 所示：

表 8　与书面语相对应的口语词语

书面语	口语	书面语	口语
一样	相同	不宜	甭
欲	想	往	去
非	不是	亦	也
能否	能不能	如何	怎么
小觑	小看	倘若	要是
慷慨	大方	吝啬	小气
谨慎	小心	次日	第二天
争吵	吵架	贫困	穷
否则	要不然	富有	有钱
琐事	小事情	逐步 / 逐渐	慢慢地
久而久之	时间长了	何必	干嘛
尚未	还没有	购物	买东西
当初 / 那时	那个时候	岂不	难道不
首次 / 初次	第一次	始终	从开始到最后
无法	没有办法	似乎	好像

虽然语言的语体各有不同，但实际上，在我们所接触的文章中，口语特征、正式体要素、庄典体成分，并不是各行其道，互不相关。一篇文章中往往既有正式/庄典体的词汇、句法，也有口语俗常的表述方式。换句话说，有些词汇和句法结构既可用于书面语体也可用于口语体。要关注的是：哪些成分只能在书面语里出现，哪些要素只能在口语里使用。区分不清不仅导致辨别时的"体盲（语体目盲）"，而且会导致使用中的"体乱（语体混乱）"。分清词语的语体属性并不意味着使用的时候只用一种语体来说话或行文。事实上，正式用语有不同的正式度，非正式用语也有不同的浅俗度；因此可以搭配使用。当然，初级训练当以一体为主。一篇文章或讲话的正式程度，就在于它的正式用语和非正式用语各自所用的级度以及各自所占比例的高低和多少。如下文所示，在分析和标示了文白用语的数量后，就可以初步计算出它们的庄典（或文白）度（划线部分为"文"的说法）。

吝啬的人，我们说他小气；妒忌的人，我们也说他小气。小气，

1　2　3　4　5

自然不够伟大；即使不是十足的小人，至少该说是具体而微

6　7　8

的小人。但是，如果小气的人就算是小人之一种，则小人满天

9　10　11

下，而足称为君子者，实在太少了。

12　13

——王力《小气》

以上按照停顿为单位的语段的比例是5/8，亦即38%文，62%白的"文白相间"交替模式。既然文章的庄典度有别，那么这一比差将说明什么问题呢？文白比例与文体类型之间的关系如何？这都是我们将来应该思考并探究的问题。显然，没有上面的理论，我们不会有这些具体而重要的问题。

二、"体"越庄典"文"越简练

书面语愈是庄典，用词愈是简短。汉语的书面正式语体和英语的正式语体很不一样。譬如"善良"，英语日常说话的时候用一个音节的"kind"就够了。但若是正式语体，则要用四个音节的"benevolent"；也就是要用所谓的"大词儿"。汉语和英语正相反，越是庄典，用词越短（相对正式体的长而言），这是书面语的第二个特点。① 比如，

① 注意：这里的越庄典越短是比较英语而言的。在汉语里，庄典体的"短"也是相对正式体（包括通体）的"长"而言的，如"普遍与遍""学校与校"，不是相对口语体的"短"而言的，如"编（口语）与编写（正式）""讲（口语）与讲述（正式）"。

平时中国人说“已经”，是两个字的词语。但到了书面正式语体里，用一个“已”字就够了，如“文章已阅”。再如，通常嘴里说的“暂时、短暂”，在庄典的说法里就可以只用一个“暂”字。如：

此问题暂无解决方法。

他初来乍到，暂住朋友之处。

教授病退，其课程暂由王先生教授。

同样，“曾经”二字也被简而化一为“曾”。如：

该生曾获物理竞赛一等奖。

我们未曾谋面。

他曾独自前往沙漠探险。

汉语正式庄典的词汇不但比一般嘴上说的“短”，而且可以直接从两个字的词里取出一个来使用，这种方法称之为“拆双用单”。因此，书面语体教学中，让学生认识到这一点也是必须的。虽然让他们自己拆双用单还有一定的难度，但这一现象是其应该掌握和了解的。

三、适量使用单音节嵌偶词

书面语的第三个特征是适量使用嵌偶词。嵌偶词是指不能单独使用的单音词，必须在双音韵律模块下，与另外一个单音音节组合成双为偶。譬如：

* 他想遍访问著名学者。

* 您的友来这儿，我一定热情招待。

* 我们校的教师都很有名。

这些庄典的“单音词”（如“遍、访、友、校”等）必须经过一些加工才能使用。譬如：

他想遍访著名学者。

贵友来此，定热情招待。

我校教师都很有名。

因为庄典的单音词不能独立使用，所以必须和“另一个单音词”组织成一个双音节的形式才能合法。双音节好像是一个模块（template），庄典的单音词必须嵌入这个模块才能独立出现。比如：

* 他想普遍访著名学者。

* 高贵友来此，定热情招待。

*我们校教师都很有名。

“*普遍访、*高贵友、*我们校”都超出了“双音节模块（disyllabic template）”的要求，因此都不合法。这种必须嵌入双音节模块才能使用的单音词叫作嵌偶单音词（monosyllabic word used in a disyllabic template）。《汉语书面用语初编》收集了将近250个这样的嵌偶单音词，这些词是从古代文言文里直接继承下来，现代汉语仍在使用的。这是汉语书面语的又一个特点。学习汉语书面语，最终得掌握这批单音节文言词。如表9所示：

表9　嵌偶单音词组双实例及误例

嵌偶词	组双实例	误例
暗	暗查 暗送 暗想	暗检查 暗赠送 暗思考
备	备尝 备感 备受	备尝试 备感到 备经受
餐	订餐 送餐 三餐	预订餐 外送餐 三顿餐
错	错砍 错杀 错认	错砍伐 错杀死 错辨认
返	返京 返美 返校	返北京 返美国 返学校
广	广传 广交 广寻	广传播 广结交 广寻找
景	观景 选景 雪景	观赏景 选择景 白雪景
力	力保 力拒 力劝	力保证 力拒绝 力劝说
享	同享 独享 尽享	共同享 单独享 尽情享
资	闲资 添资 敛资	闲余资 添加资 收敛资
佳	极佳 佳木 甚佳	非常佳 佳木材 位置佳
妙	更妙 妙招 甚妙	更加妙 妙招数 十分妙
围	围敌 紧围 立围	围敌人 紧紧（地）围 立刻围
盗	盗书 再盗 欲盗	盗图书 再次盗 很想盗

有了嵌偶词这一概念，在教学时就可以单独罗列出，让学生知道这些词，避免下列错误：

*我的屋又大又舒服。　（此屋不仅宽敞而且舒适。）

*返北京的时间到了。　（返京的时间到了。）

*他们决定互赠送礼物。（他们决定互赠礼物。）

四、大量使用双音节合偶词

汉语书面语体包含了不少双音节合偶词。合偶词是指某些出现在书面语体中的双音节词，它们往往与其他双音节词合在一起使用，而不能与单音节混搭使用。

无法学习	* 无法学	? 无法认真地学
禁止说话	* 禁止说	? 禁止随便地说
经受批评	* 经受批	? 经受不断地批
加以讨论	* 加以论	? 加以反复地论
进行谈话	* 进行谈	? 进行反复地谈

这些双音节合偶词也有其相对应的口语表述方式，如下所示：

书面语	**口语**
不免 + $V_{\sigma\sigma}$	不能避免 V
她孤身远行，众人不免为之忧虑。	她一个人去很远的地方，大家不能避免地为她担心。
尽可 + $V_{\sigma\sigma}$	完全可以 V
考试已毕，学生尽可酣睡。	试已经考完了，学生完全可以大睡一觉。
无力 + $V_{\sigma\sigma}$	没有实力 V
贫困学生无力支付高昂学费。	穷学生没有实力交很贵的学费。

五、书面语体中的特殊句式结构

汉语中有一些句型只出现在书面语中，《汉语书面用语初编》一书中收集了这方面的大量材料，这里选取几个，以见一斑：

书面语	**口语**
由 A 而 B	从 A 到 B
学习就是由不知而知的过程。	学习就是从不知道到知道的过程。
A 不下于 B	A 不比 B 少 / 差
该生所学不下于其师。	这个学生所学的东西不比他的教师少。
化 A 为 B	把 A 变成 B
化耻辱为力量。	把耻辱变成力量。

VP 不已	不停地 V
天还未亮而鸡鸣不已。	天还没有亮，鸡就不停地叫起来了。
何不 VP？	为什么不 VP？
你若有事，何不先行离开？	你要是有事情的话，为什么不早一点离开呢？

如果在教学中，将此类表达句式一一标注出来，让学生通过口头及书面方式不断练习，那么教学就能起到事半功倍的效果。

六、书面语的泛时空化语体标记

正式语体用语法手段把正式表达和与之相关的口语表达之间的距离拉开。这里的“语法”指广义的语音、形态、词法和句法。“语法加工”后的结果是变形，而“拉距变形”的基本特征是泛时空化。泛时空化即减弱或去掉具体事物、事件或动作中时间和空间的语法标记。通过以下手法，可以将口语中具体发生的时间变得抽象化。这些手法包括单音变双音，“动＋宾”结构转化为“宾＋动”结构，“动＋宾”结构变为“介词＋宾＋动”结构，具体动作变为抽象行为，等等。譬如：

①单音节名词→双音节名词

家→家庭　眼→眼睛　国→国家

城→城市　村→乡村　书→书籍

②单音节动词→双音节动名词

买→购买　找→寻找　有→拥有

编→编写　改→改造　造→创造

③“动＋宾”结构→“宾＋动”结构

编写教材→教材编写 / 教材的编写

印刷文件→文件印刷 / 文件的印刷

修理机器→机器修理 / 机器的修理

④“动＋宾”结构→“介词＋宾＋动”结构

编写教材→关于教材的编写 / 对教材的编写

拍摄电影→关于电影的拍摄 / 对电影的拍摄

改革体制→关于体制的改革 / 对体制的改革

⑤具体动作→抽象行为

编 / 编写→进行编写：（对教材）进行编写

整 / 整理 → 进行整理：（对文件）进行整理

查 / 检查→进行检查：（对税务）进行检查

例①～②是正式化语法手段中的双音构词法。从韵律上讲，它们是单音变双音；从语义上讲，是从具体到抽象；从语体上讲，是从口语到正式。汉语中大量“家庭”一类的双音节名词和“编写”一类的双音节动名词，均可视为应正式语体的需要而产生的结果。例③～⑤是通过句法格式和移位来满足泛时空化的要求的，从而拉开和口语的距离，达到语体正式的目的。

七、书面语中成语的作用与位置

在汉语里，成语是增强文章典雅度的一个重要手段。因此书面正式语体不能不涉及成语的使用。但教外国学生使用成语的时候，一定要小心，即使成语的意思用对了，语法也没错，有时也会闹笑话。比如，跟一个异性的人说“他 / 她跟我总是同床异梦”就很不得体了。因为成语不仅有它特指的意思（idiomatical meaning），它字面的意思（surface meaning）也会产生一定的效果，更不用说使用它的人还必须了解其中的典故（allusion）了。只有全面掌握了这三点，才能用好成语。这还只是就成语的语义（semantics）而言，从语法上说，如果不了解成语的韵律语法，也会犯错误。譬如，“不闻不问”这个成语里面的“闻”和“问”都是及物动词（transitive verb），所以学生以为这个成语可以携带宾语。例如，“* 他的父母不闻不问孩子”。为什么不对呢？因为四字格是两个音步的复合体（prosodic word compound），所以它是韵律单位里重量最大的单位，成为全句的韵律重心，不可能再将重音指派给其他成分。因而，四字格后不可能再携带其他成分，不管这一成分是宾语还是补语。这就从理论上解释了为何一旦句子的谓语成分为四字格，其后不可能有宾语的原因。

此外，四字格成语有自己独特的重音格式，这恰好说明它的独立性。譬如（“4”最重，“1”最轻）：

同床异梦

患得患失

1 3 2 4

凡是四字成语都要按照这个格式来读。使用四字成语，先要学会它们的重音格式。如果四字成语是汉语韵律系统中特有的重型单位，那么当它用作动词的时候，后面无论跟什么成分，都会造成头重脚轻的毛病。正因如此，成语一般都不能携带宾语。这是成语韵律语法的一大规则。

如果成语都不能带宾语，那么有宾语的时候怎么办呢？宾语前移。譬如：

S +［σσσσ］+ O → S 对 O +［σσσσ］

*他的父母［不闻不问］孩子。 他的父母对孩子［不闻不问］。

这个公式可以保证在使用及物性成语的时候，语法上不犯错误。请看：

小王对分配给他的工作总是患得患失。

*小王总是患得患失分配给他的工作。

学生对校长的态度忍无可忍。

*学生忍无可忍校长的态度。

他说的话让我感到莫名其妙。

*我感到莫名其妙他说的话。

他对恐怖分子深恶痛绝。

*他深恶痛绝恐怖分子。

总的来说，使用成语必须注意以下几点：

1. 成语一般都用作谓语。

2. 成语的后面一般都不携带宾语（参看前例）。

3. 成语用作定语（修饰名词）的时候，它的后面必须带“的”，如：

小王是一个患得患失的人。

*小王是一个患得患失人。

4. 成语用作状语（修饰动词）的时候，它的后面必须带“地”，如：

小王莫名其妙地问：……

*小王莫名其妙问：……

汉语的成语有它奇特的作用：用好了，会让人刮目相看；用错了，也会贻笑大方。因此，在高年级教学时，成语如何教，怎样才能让学生真正理解该条成语的用法，内在含义是我们不可忽视的问题。

第三节 语体训练的方法

书面语体是高年级小班课的教学重点，在低年级小班课建立语体概念的基础上，高年级书面语的训练针对口语和书面语之间的转换，训练学生使用书面语词汇和句式，要特别注意的是在书面语词汇和句式的训练时，所选择的话题最好较为严肃，而非随意造句。例如，在练习“随着……，……”这一句式时，若我们谈论经济、环境、天气等较为严肃的话题时，比较自然，如“随着中国经济的快速发展，人民的生活水平有了显著的提高”“随着环境的不断恶化，人们也逐渐意识到环境保护的迫切性”“随着天气日渐转暖，江面上的鸭子亦更加活泛起来”。但若换之以生活琐事，不加推敲的话，那么所产出的句子则十分别扭，如“随着我的朋友变得越来越多，我的心情也越来越好了”“随着我说汉语说得越来越好，我的中国朋友也越来越多了”。细究之，我们并非不可以谈论此话题，而是教师的语体意识不强。若将以上句子改为“随着我的朋友数量的增加，我的心情亦随之大好”“随着我的汉语水平的日益提高，我的中国朋友的数量亦有所增加”，这样就自然多了。本节将介绍几种书面语的训练方法。

一、换说法（paraphrase）

换说法是在保持意义不变的基础上进行词语替换和句型转换的训练，包括使用同义词、使用反义词、注释性说明、改换说法等。

1. 使用同义词

年轻人应该把握人生际遇。

年轻人应该抓住人生机会。

半个世纪后，愣头青变成了白发翁。

五十年后，小伙子变成了老头子。

2. 使用反义词

不成功并非意味着失败。

失败并非意味着不成功。

他拒绝了她的道歉。

他没有接受她的道歉。

3. 注释性说明

倚闾而望的闾，指古代里巷的门，说的是靠着家门向远处眺望。

倚闾而望形容父母望穿秋水，盼望出门在外的子女早日归来。

4. 改换说法

我无功不受禄，也就是说，我没有付出，就不应该有回报。

面对歹徒施暴，我们无法视而不见。换句话说就是看到坏人作恶时，我们不可能装作看不见的。

做事情要有始有终。我的意思是做事情要有开头也有结尾（一直坚持下去）。

二、单双词语替代法

在保持意义不变的基础上，进行单双音节词语的替换训练。一般来说，单音节词语多为书面语词语，与之意义相同的双音节词语多为口语词语。并且，单音节词语具有句法自由、韵律黏着的特点，称之为嵌偶词。而与之对应的口语词语则无此特点。

政府有令，永禁普通百姓与外国通商。

政府有命令，永远禁止普通百姓跟外国人做生意。

行动不便。

行动不太方便。

车票已购，勿念。

车票已经买好了，不要挂念。

三、正式随便转化法

该方法是在保持语义不变的情况下，在正式的书面语体和通俗的口语体之间进行转换训练，使学生掌握一些特定的书面语句式，包括一些文言句式。

正式：凡助人者，常为人所助。

随便：所有给别人帮助的人，也常常会得到别人的帮助。

正式：战争常因轻敌而失败。

随便：打仗的时候，常常会因为不重视敌人，而打了败仗。

正式：毋宁死。

随便：不如死了。

正式：视死如归。

随便：把死看成像是回家一样。

四、口语书面语转化法

该方法与正式随便转化法极为相似，正式随便转化法主要是让学生掌握一些特定的书面语固定句式，尤其是一些文言句式。口语书面语转化法除了让学生掌握正式的书面语句式，还要综合使用嵌偶词和成语等书面语词汇。该方法训练学生综合使用书面语的词汇和句型，将通俗的口语转换成正式的书面语。

口语：她一个人去很远的地方，大家免不了为她担心。
书面：她孤身远行，众人不免为之忧虑。

口语：穷学生没有实力交很高的学费。
书面：贫困学生无力支付高昂学费。

口语：他是一个跟我有同样爱好的人。
书面：他与我志趣相投。

书面：我尤惧夜间行路。
口语：我特别害怕晚上走路。

五、多种句式转化法

该方法旨在训练学生在表达相同语义的基础上通过不同句式的转换练习达到口语和书面语句式之间的转换自如。

视……为……	唐朝视女性肥胖为美。
把……看作/当成……	唐朝把女性肥胖看作/当成美。
认为……就是……	唐朝认为女性肥胖就是美。
况……乎？	陌路相逢尚得相助，况同窗乎？
何况是……呢？	素不相识的陌生人都应该相互帮助，何况是同窗呢？
更不用说是……了	素不相识的陌生人都应该相互帮助，更不用说是同窗了。
有感于……	有感于家乡的巨变，他更加理解乡民的勤劳与智慧。
为……所感	为家乡的巨大变化所感，他更加理解乡民的勤劳与智慧。
受……感动/触动	受家乡巨大变化感动/触动，他更加理解乡民的勤劳与智慧。
对……有感触	他对家乡的巨大变化深有感触，更加理解乡民的勤劳与智慧。

六、多种句式套练法

该方法是将几个句式套接在一起，形成语段，让学生进行练习。套接在一起的句式包括口语和书面语的。上述五种句式转换方法只在单句之间进行练习，该方法则要在语段中进行口语和书面语的转换练习。

A 对 B 隐瞒……。万一……，说不定 / 也许……。再也……V 不……，任……恣情流淌。

那年，父亲患上了胃癌。父母对我隐瞒了这件事，怕影响我高考。父亲说："万一手术失败，说不定会改变孩子一生的道路。"听到这里，我再也忍不住，推开门，扑进父亲的怀里，任泪水恣情流淌。

七、讨论训练穿插法

该方法通过对学生提问，使学生将所学的词语和句型套接在一起进行回答，目的是巩固所学词语和句型。

讨论问题：你喜欢与家人拥抱吗？请描述一下和家人拥抱时的感觉。

作者与女儿拥抱时的感觉如何？

目标词语：疲惫、转眼间、烟消云散

此时天地间只有一个拥抱，任何生活的压力、身心疲惫，转眼间就烟消云散了。

讨论问题：请你谈谈中国人是如何看待孝顺的？在西方呢？

目标词语：长辈、晚辈、义不容辞、责无旁贷

对晚辈来说，孝敬长辈是义不容辞、责无旁贷的。

八、同步翻译（+问答训练）法

该方法是以提问的方式，让学生在口语和书面语之间做转换练习，同时也做翻译的练习，但在翻译时要根据要求翻译为口语或书面语。现以英翻汉为例：

问：那本书作者读了多少遍？

答：那本书作者读了好几遍。

问：怎么说"read it again and again"？

答：读了一遍又一遍。

问：用书面语还可以怎么说？

答：翻来覆去地读了好几遍。

问：哪本书曾让你翻来覆去地读了好几遍？

答：……

问：怎么说"What she wants to discuss here are the questions that for several thousands of years so many talented people have been constantly arguing about"？请用书面语。

答：在此她要讨论的是数千年来许多贤者一直争论不已的问题。

问：这句话还可以怎么说?

答：在这儿，她要讨论的是好几千年来许多智者一直争论不停的问题。

问：有什么问题是数千年来许多贤者一直争论不已的问题?

答：……

问：请形容一下杨先生是一个什么样的人?

答：杨先生既是一个知识渊博的学者，又是蜚声文坛的作家。

问：这句话用白话怎么说?

答：杨先生不仅是一个很有学问的学者（专门从事学术研究的人），也是一个在文学界十分有名的作家。

问：请问，你十分敬佩哪位知识渊博的学者？你最喜欢哪位蜚声文坛的作家?

答：……

九、切词组句（+问答训练）法

该方法通过提问的方式，让学生说出目标词语（下例用加粗字表示）。

问：他 6 岁时，16 岁的她成了……

答：他 6 岁时，16 岁的她成了别人的**新娘**。

问：新娘惊鸿一瞥令男儿怎么了?

答：新娘惊鸿一瞥令男儿**情窦初开**。

问：他 16 岁时，26 岁的她不幸……

答：他 16 岁时，26 岁的她不幸**丧夫守寡**。

问：孤儿寡母令血性小伙……

答：孤儿寡母令血性小伙**不胜爱怜**。

问：19 岁时，为避什么，他毅然和她逃至什么地方?

答：为避**闲言碎语**，他毅然和她逃至**与世隔绝的深山老林**。

问：他在峭壁上开凿出 6000 级石梯，怎么营造他和她的爱情家园?

答：他在峭壁上开凿出 6000 级石梯，**徒手**营造他和她的爱情家园。

十、重组课文连字速读训练法

该方法是将语句中的词语顺序打乱，让学生快速重组，形成语句。如：

显得、文人墨客、在这条爱情天梯前、古往今来、对爱情的诠释、与、空洞、那么苍白

古往今来文人墨客对爱情的诠释，在这条爱情天梯前，显得那么苍白与空洞。

举目无亲、贵人相助、幸得、他、流落他乡

他流落他乡，举目无亲，幸得贵人相助。

伤心欲绝、他、一语不发、故

他伤心欲绝，故一语不发。

十一、重组课文间词速读训练法

该方法就是在某个段落中，将一些语句的词语顺序打乱，让学生重组。给出的段落更有助于学生进行排序并加深印象。该方法是将上一方法的排序训练放在语段中进行。譬如：

马克说："你的准则就是（一无所有、要么、拥有一切、要么）要么拥有一切，要么一无所有。"在那个传统而动荡的年代里，32 岁的韩素音是个寡妇，安心地守着她的妇道，过着一种中性人的生活。她跟当时的很多中国女人一样，（不知道、从来、似乎、爱情、什么是、不需要、也、的东西、这个、爱情、虚无缥缈）似乎从来不知道什么是爱情，也不需要爱情这个虚无飘渺的东西。而 36 岁的马克则是个活跃的战地记者，他喜欢（的地方、奔向、最危险、世界上、最动荡、）奔向世界上最动荡、最危险的地方，这样他才能够体验到心灵的宁静。

十二、短语拆组反复法

短语拆组就是将短语中的双音合偶词替换出来，与其他双音词组合，从而扩大学生的词汇量。如"枉费心机"中的合偶词是"枉费"。具体方法如下：

教师：白白浪费想法怎么说？

学生：枉费心机

教师：白白浪费时间呢？（教师可以用词卡提示：时日）

学生：枉费时日

教师：白白浪费力气呢？（词卡提示：功夫）

学生：枉费功夫

教师：白费心思呢？

学生：枉费心思

教师：白费口舌呢？

学生：枉费口舌

教师：白费言辞，不起作用呢？

学生：枉费言辞

十三、成语转说训练法

该方法是用其他词语及结构对成语进行转述，以达到口语和书面语之间的转换训练的目的，同时检查学生是否掌握了成语的意义。

他们旁若无人地相互心疼着。

他们就好像旁边没有人一样地相互心疼着。

我们一直认为开卷有益。

我们一直觉得读书总是有好处的。

他对很多问题都有独到见解。

他对很多问题有着与众不同的看法。

十四、完形填空法

完形填空是考查学生在阅读理解的基础上对词语在具体语境中的综合运用能力。它要求学生通读短文，掌握文章的大意，综合运用所学词汇知识，借助语法基础知识，从所给的选项中选出最佳选项，使短文结构完整、意思通顺、自然连贯。因而在汉语教学中，完形填空法是一个不可缺少的环节。一般要求学生从给出的词语中选出合适的填入来检验他们是否掌握这些词语，以及能否理解文章的大意。例如：

请用适当词语填充下列段落中空缺之处：

何况、即便、义不容辞、不论、责无旁贷、否则、归来、日理万机、尽量、尚且

由于生活节奏的加快，工作压力的增大，许多人一年难得与父母一见。可是，我们真的有那么忙吗？真的像周文王一样__________吗？__________是再忙，我们也不能以此为借口而推卸孝敬父母的责任。众所周知，养老敬老是我们__________、__________的职责。__________日理万机的周文王都__________能做到每天三次看望

父亲，我们又怎能忍心不归呢？我个人认为如果住得离父母近的话，__________多忙，都应__________坚持每个周末去看望一次父母。若是住得离父母远的话，每逢过年过节，或老人过生日时，也应尽量挤出时间前去探望。__________，难以说得过去。要知道，孤寂年迈的父母会倚闾而望，翘首期盼着我们的__________。

十五、复述法（电影、文章等）

复述法可以用来让学生对某一部电影的内容进行叙述，或对某篇文章的大意进行总结。教师可以通过给学生提供相关词组及句型结构的方式对学生起到引导作用。

十六、写作法

写作文是训练正式语体非常重要的方法。写作练习的形式可以多种多样，如：文章大意概述，改写故事，命题作文，等等。如何批改学生的作文是非常重要的，这里推荐“面改法”。一般教师会与学生面谈，告诉他们为什么这样说，而不那么写。学生拿回去修改后，再交上来。教师要趁热打铁，让其将所写文章内容以口头报告的方式在课堂上与大家分享。学生会事先将作文放在网上与大家分享，并附有生词。报告完后其他学生可以就作文提问。

十七、朗读法

朗读不失为学习语言的一个行之有效的途径，尤其是学习汉语书面语时。教师不仅要求学生朗读，而且要教会他们怎么读。请参看本书第八章有关朗读原理和要求的部分。

十八、听写法

听写法是督促学生预习的一个很好的手段，高年级的听写不仅局限于生词和单句，还可以将要学习的部分整段打印出来，将重点书面语词语及词组空出来，学生朗读内容，遇到空白之处时，教师用白话说出应填写内容，要求学生写出书面语形式。譬如（加粗字是应填写的内容）：

我读高三那年，父亲患上了胃癌，医生说需要__________（**尽快**：越快越好）动手术。父亲对我__________（**隐瞒**：不告诉真实情况）这件事情，怕影响我高考。一天夜里，我听到母亲的__________（**抽泣**：一吸一顿地低声哭）声，父亲低声对母亲说："我想还是高考以后再动手术，这样能确保不会影响女儿考试的发挥。现在动手术万一__________（**失败**：不成功），说不定会改变孩子__________（**一生**：一辈子；从出生到死亡，从小到老）的道路。"听到这里，我再也忍不住，推开房门，扑进父亲的怀里，任自己的泪水恣情流淌，父亲只是__________（**抚摸**：用手轻轻地接触，并且来回移动）着我的头，什么也没有说。那天，我就在父亲的怀抱里睡了一夜。

十九、口头报告法

口头报告的形式可以是多样的：学生可以就当前大家共同感兴趣的新闻事件进行汇报，并展开讨论；也可以就自己的经历与大家分享；还可以将作文内容进行展示。该方法旨在给学生使用书面语提供一个良好的平台。

二十、微博互动法

除了正常作文外，我们还通过让高年级学生使用新浪微博的方式，来进行课外阅读、写作并与其他学生进行互动——相互评论。微博内容可以由教师规定，也可以就某一突发事件或课文内容进行讨论。

第四节　语体教材的课文选择及其使用

汉语教学面临的一个大问题是高年级汉语如何教的问题。当然，"如何教"是汉语教师要终生研究的课题，但怎么才能教好高年级汉语，则更是我们亟待回答的问题。若想回答这一问题，我们不得不考虑如何从语体的角度选择高级汉语教学资料以及如何利用手中现有的高级汉语教材教好语体语法。

一、分析和掌握文章的文体特征

首先我们要从文章的语体分类及文体风格入手，了解不同语体及文体风格所特有的句式结构、词汇特点及相应的语言特征。如此，我们才能进一步对不同语体、不同文体及题材的文章从其语义韵律特点、音系韵律特征、语法属性及修辞结构上进行分析总结，并将这一规律通过具体的教学步骤得以体现并逐步传授给学生。也就是说，我们可以通过不同语体的成分或特征在不同文体里面的不同分布和组合，来学习和掌握文体类型的教学和写作。（具体操作办法请参见本章第三节）

二、如何选择文章

文章的选择，除了文体、语体、修辞上的考量外，也应该重视文章的内容及作者看待问题的视角。独特的视角往往可以激发学生表达自己观点的欲望，引起辩论的冲动。下面的一篇文章是普林斯顿大学周质平教授就胡适与韦莲司之间的感情发表的看法。作者对他们之间的肯定，对中国基于过日子而无爱情的传统婚姻的质疑，无疑会令人深思，让人开口与他对话。如果所选文章多能如此，那么文章内容对高年级汉语教学的促进作用会是显而易见的。原文如下：

立情

中国传统爱情故事的极致表现和最圆满境界，都体现在“有情人终成眷属”的这一句话上。“成眷属”成了中国爱情故事在结局上悲喜剧的最后判断。从《孔雀东南飞》，到《西厢记》，到《三言》中的著名短篇故事，如《卖油郎独占花魁》《杜十娘怒沉百宝箱》等，以至于《红楼梦》无一不是围绕着这个主题。

在这样的传统下成长起来的男男女女，都有一个根深蒂固的爱情观：爱情是为婚姻服务的。爱情只是手段，婚姻才是目的。只要是良家子弟，婚前的任何男女交际，都只是不同程度的“相亲”。爱情而不能以婚姻作为结局则叫做“白搭”“落空”或“没有结果”。

我不得不指出，这样的爱情观是相当功利而低俗的。恋爱只是为了谈成一桩买卖。但这样的恋爱观却是符合社会道德规范的，任何不为婚姻服务的爱情，在一定程度上，是要受到舆论制裁的，并冠之以“奸情”等恶名。

韦莲司与胡适的恋爱故事却完全不在中国人的这个老套之中，他们在“有情人终成眷属”的模式之外，别立了“虽不成眷属，而一往情深”的典型。从 1937 年 10 月 26 日韦莲司写给胡适的信中，我们得知，胡适是韦莲司毕生唯一想嫁的男人，但她也清楚地知道，这个唯一想嫁的男人，永远成不了她的丈夫。然而，这个事实丝毫无碍于她对胡适终其一生的爱慕。

婚姻从来不是韦莲司爱慕胡适的“前提”，而只是一个爱慕之后自然的结果。这点“前提”和“结果”的不同，最可以看出韦莲司不俗的一面。韦莲司终身不嫁，就一定意义来说，是坚持自己对爱情和婚姻的理想，而不做任何妥协。她宁可孤寂地在巴贝多度过她的晚年，也并不愿和一个自己并不心仪的男人厮守。她与胡适“虽不成眷属，而一往情深”的志节，是值得我们深思缅怀的。

在中国语文里，“情”字往往与“恩”“义”两字并举，而有“恩情”与“情义”两词。中国男女成了眷属之后，年深日久，情渐淡而恩义转深，成了一个恩义有余而深情不足的局面。当然恩、义都是好字，并无贬义，但由恩义引出的一种取予和负欠的关系也是不容讳言的。许多夫妻往往在所谓“顾念恩义”的情况下，度过一辈子，厮守或有之，深情则绝无。任何一方的消失，对另一方毋宁是一种解脱，这样的夫妻关系，并不罕见。在韦莲司和胡适五十年的交往中，我们只见深情，而没有恩义的牵绊。在现有的材料中，我们看不到韦莲司有“误我一生”之类的怨叹，尤其是她晚年善待江冬秀，而在整理胡适书信上，更是做到了“死而后已”。这样的深情已经超出了恩义或情义的范畴，而达到了“衣带渐宽终不悔，为伊消得人憔悴”的境界。在这个境界中的恋人，所做的种种，与其说是为人的，不如说是为己的。在旁人看来，也许是所谓“牺牲”或“付出”，而在当事的本人，则是甘之如饴，不做不快。

恋爱如果只是婚姻的前奏，那么结婚就是恋爱的完成，往往也就是爱情萎缩和死亡的开始。婚前的朝思暮想，辗转反侧，到了婚后全被穿衣吃饭所取代，“成眷属”之日，也往往就是“怨偶”萌蘖之时。在韦莲司和胡适五十年的交往之中，没有吃饭穿衣的问题，因此能始终维持着较高度的“罗曼蒂克”。虽然聚少离多，共处的时日有限，但那份憧憬和企盼却终其一生而不少衰。

韦莲司和胡适五十年深情之所以“不朽”，正在其“不成眷属”这一点上，若成了眷属，也无非只是芸芸众生中的一对夫妻，还有什么值得我们感怀追思的呢？从这一点看，不成眷属，正是两人之大幸，切莫为此唏嘘低回。

回看韦莲司的一生，其实也只有“情”字能在时间的流逝里闪烁着悸人的光彩。这光彩所回映的也许只是初凝眸的一刹那，也许一次午夜的倾谈，一抹共赏的夕阳，山道上的一个黄昏，水边的一个午后……她一生忘不了的也无非只是这些点点滴滴，琐琐碎碎，又何尝真有什么家国之痛，身世之悲呢？

《左传》里的“三不朽”，终究不是一般人所能企及的，看了韦莲司与胡适的这段交往之后，我们当在立德、立功、立言之外，另加“立情”一项。

少年十七八，情热如火，倏忽来，倏忽去，对情的体会往往在其强，而不在其深与久。三十以后，此身已非我有，然而此情不死，渐渐有了徐志摩“得之我幸，不得我命”的感慨。追寻的意义已经由得与不得，转变到了追寻的本身。不停地寻索，成了灯下窗前，最快慰的心灵活动，种种的桎梏，种种的牢笼，终究制不住那颗勇于追寻的心。像一只铩羽的苍鹰，依然有翘首空际的自由。翱翔也许已成过去，但那份企盼却丝毫不减。这种情，有些残，也有些惨，但却也有它的凄美与幽艳。

老年人对“情”字铭心刻骨的体会，绝非少年人所独有。少年的情如火，如朝晖，如火山之喷涌；老年人之情如泉，如夕岚，如寒夜之星辉。强度也许减了，却更见其深与久。韦莲司与胡适的这段情，也使我想起鲁迅《野草》中的“死火”，冰层之中有一团烈火，这团火死而不死。

罗素（Bertrand Russell）认为，一种理想的人生是以爱情来生发，而以知识来引导的。所以在他自传的首页，说到他的一生有三种极强烈而无法遏制的感情：对爱情的渴望，对知识的追求，以及对苦难众生的悲悯。他说：爱情带给他一种若狂的喜悦，他往往愿意付出余生，来换取数小时这样的欢愉。爱情也减轻了寂寞带给他无量的悲苦，在黑暗的寂寞深渊里，唯有爱情能让他看到彼岸。也唯有在爱情的世界里，才能看到圣者与诗人共同描绘的天堂。这番话，对一个不曾恋爱过的人来说，也许觉得夸大了爱情的魔力。但只要有过“衣带渐宽终不悔”的经验，就知道罗素的这番话，正是心中喉头欲吐而说不出的那点情。

当然，情也带给人以极大的磨难，相思的苦楚，失恋的悲痛，无一不是锥心刺骨，毕生难忘。恋爱在一定的程度上是否定自我，将自我连根拔起，移植到对象的身上，我的存在，完全成了对象的附庸。相思最深的时候，一个人何尝还想到过自己？然而，只要真正恋爱过的人是丝毫不会因这些磨难而对爱情有任何迟疑的。

韦莲司的一生是在等待中度过的，也是在恋爱中度过的。说她不幸，固可；说她大幸，又何尝不可？

（作者：周质平）

三、挑选文章中的语言结构

有好文章只是第一步，好比做饭选好了食材，接下来的工序，如清洗、拣选、加工——是切块还是切丝，是红烧还是爆炒，是蒸煮还是生吃，都是我们要考虑的。只有一道道工序完成后，才能摆到桌面上，供人享用。我们的高级汉语教学又何尝不是如此呢？有了文章，教师必须通读，然后分拣出书面语特有的句式结构。如：

从……，到……，到……，以至于……无一不……

……只是手段，……才是目的。

冠之以……恶名。

他们在……的模式之外，别立了……的典型。

从……中，我们得知，……

……丝毫无碍于……

……与……并举。

……或有之，……则绝无。

与其说是……，不如说是……

……毋宁是……

……被……所取代。

……之日，也往往就是……之时。

……之所以……，正在其……

……终究不是一般人所能企及的。

说……，固可；说……，又何尝不可？

在选择句式时，我们不仅要挑选书面语体特属的结构，而且更要注重那些使用频率相对较高的句式。否则学生花费了很大的力气，结果用不上，见不到，那么会影响他们的积极性的。

四、选出重点词语

除了挑选出文章中的语言结构外，我们还要挑选出正式语体中常用的词语来讲解、辨析及操练。如：

眷属、极致、无一不是、任何、终其一生、不俗、厮守、缅怀、年深日久、不容讳言、牵绊、善待、死而后已、甘之如饴、朝思暮想、辗转反侧、萌蘖、聚少离多、时日有限、憧憬、企盼、芸芸众生、感怀追思、切莫、唏嘘低回、流逝、闪烁、悖人、光彩、凝眸、倾谈、共赏、夕阳、黄昏、无非、点点滴滴、琐碎、终究、企及、倏忽来、倏忽去、感慨、追寻、寻索、灯下窗前、快慰、心灵、桎梏、牢笼、铩羽、苍鹰、依然、翘首、空际、翱翔、凄美、幽艳、铭心刻骨、体会、绝非、独有、朝晖、喷涌、夕岚、寒夜、星辉、遏制、渴望、追求、以及、苦难、众生、悲悯、若狂、喜悦、余生、换取、欢愉、深渊、彼岸、描绘、磨难、相思、苦楚、悲痛、锥心刺骨、毕生、连根拔起、移植、附庸、迟疑

挑出词语后，我们去除已学过的，留下重点词语和词组以便进行重点讲解。

五、寻找难以理解的语句

我们还要挑出需要有文化背景才能理解的语句，如：

有情人终成眷属

良家子弟

虽不成眷属，而一往情深

得之我幸，不得我命

衣带渐宽终不悔，为伊消得人憔悴

六、寻找讨论话题

我们可以找出那些含有作者独到见解的语段提问以便与学生讨论，交换看法。如：

1. 你是如何看待“爱情是为婚姻服务的 / 爱情只是手段，婚姻才是目的”这一观念的？

2. 为什么说他们在“有情人终成眷属”的模式之外，别立了“虽不成眷属，而一往情深”的典型？

3. 为何作者认为韦莲司不俗？

4. 作者认为老年人与年少之人对待“情”有何不同之处？你是如何看待的？

5. 你是否认可罗素所认为的“一种理想的人生是以爱情来生发，而以知识来引导的”这一观点？

6. 你如何看待韦莲司一生徒劳的等待？

七、设计相关练习

最后，我们要通过设计练习题来巩固本课重点词语与句型。

《立情》作业

一、给出下列词语的反义词

低俗 VS ＿＿＿＿＿＿　　前提 VS ＿＿＿＿＿＿

妥协 VS ＿＿＿＿＿＿　　褒义 VS ＿＿＿＿＿＿

罕见 VS ＿＿＿＿＿＿　　晚霞 VS ＿＿＿＿＿＿

附庸 VS ＿＿＿＿＿＿　　家国之痛 VS ＿＿＿＿＿＿

二、解释下列划线词语

1. 在当事的本人，则是甘之如饴，不做不快。

2. 成眷属之日，也就是“怨偶”萌蘖之时。

3. 这光彩所回映的也许只是初凝眸的一刹那……

4. 中国传统爱情故事的极致体现在“有情人终成眷属”这一句话上。

三、完成下列句子

1. 从《孔雀东南飞》到《西厢记》，从《卖油郎独占花魁》到《杜十娘怒沉百宝箱》，中国的文学作品都是围绕着____________________的主题。

2. 很多人认为爱情只是手段，____________________________。

3. 韦莲司跟胡适别立了“虽不能成眷属，________________”的典型。

4. 寒冷的天气无碍___________________________________。

5. 在中国语文里，“情“字往往与“恩”“义”两字________________。

6. 不容讳言，______________________________________。

7. 徐志摩在追求林徽因不成之后，曾有“得之我幸，__________”的感慨。

8. ______________________________真是锥心刺骨，毕生难忘。

四、模仿下列句子造句

1. 恩义有余而深情不足。

2. （在这个境界中的恋人，所做的种种，）与其说是为人的，不如说是为己的。

3. 虽然聚少离多，但那份憧憬和企盼却终其一生而不少衰。

4. 说她不幸，固可；说她大幸，又何尝不可？

5. 相思的苦楚，失恋的悲痛，无一不是锥心刺骨，毕生难忘。

五、用下列词语造句

1. 根深蒂固

2. 心仪

3. 缅怀

4. 死而后已

5. 芸芸众生

六、写作练习

罗素说，他一生有三种强烈而不可遏制的感情：对爱情的渴望，对知识的追求，以及对苦难众生的悲悯。对此你有何感想？你自己又如何呢？

有时我们还可将由不同作者所写的同一话题的文章放在一起让学生来进行比较学习。同一题目，不同的视角，不同的经历，不同的体验，会给学生带来新奇感。

乘火车旅行

乘火车旅行是人生必不可少的经验。它可使我们体味到告别和迎接的过程。窗外的景色以如歌行板的节奏一一过来又一一过去，这景色总是连绵不断，没有尽头。新的一幕出现了，倏忽间又过去了，欢欣与痛惜的心情接踵而来，一层漫过一层。我们刚刚获得新的景色，紧接着就是失去，而失去之后，更新的获得来临了。我们一会儿悲观，一会儿乐观，总没个平静的时刻。

我有时面朝火车行驶的方向而坐，田野怀着阳光和阴霾扑面而来，令人喜不自禁，然后它跃过我们的肩膀，从背后一去不返，令我们措手不及。告别和迎接在霎那间完成，心会紧收一下，又张开，急促地吞吐着离合的悲欢。后来我们有了准备，知道迎面而来的一切都将过去，我们便尽情地享受与它们越来越接近的时刻，我们极目远眺，当它们影影绰绰的时候，已将它们尽收眼帘。这可以延长我们接近获得的欣喜之情，使这欣喜之情足够抵偿失去时的黯然神伤。它们是在与我们最终接触的那一瞬间陡然逝去的，这带有决断的表情，还带有义无反顾的表情。这在一瞬之间锻炼了我们的决心，使我们免遭缠绵感情的折磨。

还有些时候我们是背朝火车前行的方向而坐，这是一种极其伤怀的告别与迎接的方式。新来的景物是从我们背后漫到眼前，它们一上来就带着逝去的命运。它们是一点一点离我们远去，无可挽回。我们眼巴巴地看着它们渐渐走出我们的视线，痛惜哽住了我们的喉头。我们还将伴随这逝去的情景一段时间，饱受离别之苦。当它们远去的时候，由于难以舍却，它们每一点细节都抓住了我们的心。它们模糊的最后一点影子都不放过我们。它们到来的喜悦是那么短暂，一下子便被离别淹没了。它使我们的注意力全部凝聚在这告别的哀婉仪式上。

这两种过程交替地出现在乘火车旅行的途中，只有乘火车旅行才可体验与比较这些过程，像乘飞机这样的旅行方式却将过程省略，只留下结果，它节约了我们的情感，使我们心静如止。这其实是一种损失，损失了心理的经验，这些经验是生命力滋生滋长的源泉，带有活水的性质。

所以，我们有时候，要乘火车旅行。

（作者：王安忆）

《乘火车旅行》作业

一、给出下列词语的反义词

必不可少 VS ____________　　吞 VS ____________　　悲 VS ____________

痛惜 VS ____________　　迎接 VS ____________　　乐观 VS ____________

离 VS ____________

二、选择最合适的词语完成句子

1. 他虽读了不少爱情小说，却从未有过亲身的____________。

a. 体会　　b. 体验　　c. 体味

2. 读这本书的过程中，他写了很多心得＿＿＿＿＿＿。

a. 体验　　b. 体味　　c. 体会

3. 两个孩子都这么出息，真让父母感到＿＿＿＿＿＿。

a. 欣喜　　b. 欣然　　c. 欣慰

4. 听了我的劝告，她＿＿＿＿＿＿一笑。

a. 欣然　　b. 欣慰　　c. 欣喜

5. 他的音乐总是带有一丝＿＿＿＿＿＿的情绪。

a. 哀怨　　b. 哀婉　　c. 哀伤

6. 她为这个家操劳了一辈子，竟在中年遭到丈夫遗弃。怎能不叫她心里充满＿＿＿＿＿＿和愤懑？！

a. 哀伤　　b. 哀怨　　c. 哀婉

三、用所给成语造句

1. 黯然神伤

2. 黯然失色

3. 接踵而来

4. 义无反顾

5. 喜不自禁

6. 措手不及

四、选择所给词语完成下列句子

阴霾、抵偿、抵押、决断、缠绵、凝聚、痛惜、折磨、省略

1. 这家工厂无力偿还债务，只好用设备与厂房做＿＿＿＿＿＿。

2. 如此出色的人才却英年早逝，实在令人＿＿＿＿＿＿。

3. 天上＿＿＿＿＿＿密布，暴风雨就要来了。

4. 中华民族有极强的＿＿＿＿＿＿力。不论在哪儿，都可以看到中国人的社区。

5. 这部电影＿＿＿＿＿＿了许多原著的情节，已不再是改编，而是重写了。

6. 你借了这么多债，将来怎么＿＿＿＿＿＿？

7. 他是个很＿＿＿＿＿＿的人，做事从不犹犹豫豫。

8. 这小两口形影不离，＿＿＿＿＿＿得不得了。

9. 上这位教师的课无异于精神＿＿＿＿＿＿。

五、小作文：讲一件对你很有启发的小事

坐火车旅行

我愈来愈不喜欢坐火车旅行——光是购买车票就伤透脑筋：车站售票窗口那儿永远是闹哄哄的，票价的浮动使人想起证券交易所跳跃的显示屏，这还算小事一桩。要命的是临到你掏钱包，那幽深窗口内的小姐冷若冰霜地说“票没有了”，那就只好再到人头攒动的车站广场去找“黄牛”商量。特别恼人的是，你花了更多的钱从“黄牛”手里搞到一张高价票，上了火车一瞧，嘿，三分之一的座位都空着。

当然通常情况下，车厢内总是挤得满满的。人们蜂拥而上，面目各异，抢占了行李架后，便悠然坐下来，拿出随身带的茶杯、水果和报纸，喧哗跟着就开始了。在车箱顶部的喇叭里，不断播放着一段令人倒胃口的相声。一些蓬头垢面的人坐立不安地从身旁走来走去，泡茶、打招呼或者摇摇晃晃地上厕所。另一些食欲好的人则一动不动地坐在自己的座位上，不停地吃东西，把小小的桌子摊得一塌糊涂，甚至还把瓜子皮吐到你的衣服上。

没有什么风景比火车沿途的风景更单调的了，千篇一律的楼房、电线杆、支离破碎的农田和光秃秃的树丛在窗外晃过。把脸转向车内，四周旅客的脸同样的乏味无趣。他们还可能旁若无人地脱去令他们不舒服的鞋，大大咧咧地把臭烘烘的脚从对面伸过来，搁到你腿旁的座位上。

这时候，有一个声音突然飘到你的耳边。“你是搞艺术的吧？”你吃了一惊，以为这话不是冲着你来的。可是你抬头一瞅，对面那位胖乎乎的中年男人，的的确确是在和你搭话。这会儿，他的脚已经缩了回去，塞到自己的鞋子里去了。你连忙朝他半是礼貌半是谨慎地一笑，不置可否地也是十分暧昧地一笑，算是回答了他。

我常常在火车上遇到我讨厌的人坐在我旁边。他们不是邋里邋遢，就是油头粉面。让人无端生出一种戒心。再说，他们的脸一般总是长得俗不可耐。

在火车旅行中，我从未见到过妩媚艳丽、令人想象其行踪的女人。相反，那些高谈阔论的邻座男人使我的旅途变得格外漫长。

现在，这个胖男人又不依不饶地继续询问：“那你是做广告的，还是拍电影的？”

好多年以前，大概有十几年了吧，我对火车充满了好印象。这印象的来源，是我看过的欧洲电影，比如《卡桑德拉大桥》和《东方快车谋杀案》，尤其是罗布·格里耶的《横跨欧洲的列车》，给了我无穷的遐想。那时候，我就想象在火车上能有戏剧性的艳遇，或起码碰到一个神秘兮兮的艺术家。十几年过去了，我的想象早就让生活吞到它庸俗的大肚子里。在旅途中，我总是不停地看表，计算着到站的时间，或者努力闭一闭眼睛，养精蓄锐，想想自己的事，盘算这次旅行的花销费用以及其他琐碎的私事与公务。

我不是拍广告的，更不是拍电影的。我不过是个机关里的小公务员，就像当年的卡夫卡。我懒得说什么。称一个陌生人为艺术家，这是一种恭维，还是一种别的意思？

“看样子，先生大概是个经纪人吧？”

一百年以前，雷诺·阿坐火车旅行的时候，总有人在他旁边大谈艺术，甚至讨论名画。有一次，这些优雅的旅客问雷诺·阿：“你画些什么？”雷诺·阿回答说：“我为妓院工作，我画春宫。”他刻薄的谎言使得同行的雷诺·阿妻子很感尴尬。

我害怕坐火车旅行，理由和雷诺·阿正好相反——根本没有人来和我谈什么艺术，因为周围的话题都如此粗鄙，以至完全不必搞什么恶作剧，装什么孙子了。

于是我回答那个人：“不错，我是艺术家。”

（作者：吴亮）

《坐火车旅行》作业

一、完成下列句子

1. a. 我愈来愈____________。

   b. 我愈来愈不____________。

2. 我们没有办法，只好找“黄牛”去____________。

3. 这位小姐徒有一副漂亮脸蛋，态度真够恶劣的。就象人们常说的____________，却冷若冰霜。

4. 雷诺·阿是____________著名画家。

5. 近来很多学者都在一个肯定的意义上使用“喧哗”这个词。他们常常把不同意见的争鸣叫做____________。

6. 中国人常常用____________来形容让人很不舒服的事情。

二、试用本课所学的新词完成下列句子

1. 中国各地的火车站都大同小异，无论什么时候都是熙熙攘攘的，到处都人头____________。

2. 这满屋子的人虽然都穿着相同的制服，却____________，有着极不相同的精神面貌。

3. 他们两人，父女不像父女，夫妻不像夫妻，关系很____________。

4. 我向他再三赔礼道歉，他却____________，一定要去法庭讨个公道。

5. 一些人____________别人，并不是由衷地赞扬，而是想讨得别人的欢心，日后利用别人。

6. 今年他真不走运，不幸的事____________而至，搞得他透不过气来。

7. 生活中总有些不顺心的时候，我们绝不能因此而____________丧气，应该始终保持____________的精神。

8. 他觉得这成功的喜悦足以____________十几年来的辛劳和困顿。

9. 在紧要关头，一个人必须十分____________，不能犹犹豫豫的。

10. 那本学术著作____________了他一生的心血，他是非常珍视的。

11. 请不要用这些____________的事务来烦我，大事还处理不完呢。

12. 这个人不太善良，常常用很____________的字眼评价别人。

三、用新学的成语完成下列句子

1. 我问了半天，他却总是____________地看着我，一句话也不说。

2. 不少中国人认为娶一位____________的女人做太太未必是件好事，也许因此会有很多麻烦。

3. 明天就要大考了，我得好好休息休息，____________，争取考个好成绩。

4. 十个____________的妄想狂，赶不上一个实干家。

5. 我既不想____________，也不想____________，干干净净，清清爽爽就行了。

6. 事故发生得太突然了，令许多人____________。

7. 登上山顶，____________，广阔的平原一望无边，令人心旷神怡。

四、用下列词语造句

1. 俗不可耐

2. 支离破碎

3. 遐想

4. 旁若无人

5. 艳遇

6. 缠绵

7. 义无反顾

8. 黯然神伤

五、小作文：王安忆和吴亮对同样的旅行有很不同的感受，你觉得谁的态度更接近你自己的？谁的态度更有益一些呢？

总之，要想出色地完成高级汉语教学的任务，教师必须要有良好的语文和文学素养以及语言学知识，此外还要有敏锐的眼光和一定的文学欣赏能力。这需要长期的努力和积累。平日我们除了要养成读名家大作的习惯以便从中汲取养分外，还要尝试着创作性写作。如果不提笔写作，我们又如何能深刻地理解大师的文章呢？

第五节　语体等级

一、语法的语体分布

前面的讨论告诉我们，课文选择了，句型标出了，但是在哪个年级应该教授哪种语体，并没有从理论上得到解决。换言之，低年级学生要学哪些语体？中高年级汉语要教哪些语体？语体的等级怎么分？仍然还是一个有待深入研究的重要课题。本节就讨论语体材料的年级分等的问题。前面说过：初级汉语应当以口语（亦即通俗白话）为对象。除了最为通俗的日常口语（不是俚语或者土话），初级口语教学中可以开始介绍一点正式体的内容。重要的是中级和中高级的外国学生，学习哪种语体？换一个角度说，正式体中的哪一等级的条目（一般而言，每一种语体至少可以分为三个等级）在初级、中级、中高级还是高级教？教多少？庄典体中的哪一等级的内容在初级、中级、中高级还是高级教？教多少？这些问题都关系到不同等级的语法和这些语法点的语体分布（通俗、正式还是庄典）的问题。显然这些都是正式语体教学面临的大问题。

毫无疑问，本书无法就上述问题给出一个全面而完备无缺的答案，但是我们可以根据近年来的研究成果在这里做一个简单的介绍和总结，以期在实践中得到同行的帮助，使之不断完善。

第一，我们认为教学语法必须以语体语法为前提——结束以前所谓“裸体教学”的局面。换言之，让学生知道有些句式仅能用于口语体，而不能用于正式语体，从而避免和结束赵元任所谓的“sayable but not speakable”[①]尴尬的局面。也就是说，我们要从“语法的语体分布”或“语法的语体化”的角度来“认识语法”和“教授语法”。如“V/Adj 什么 V/Adj”这一格式只分布于口语体中。

口语体	* 正式体
好什么好	* 完美什么完美
想什么想	* 思考什么思考
美什么美	* 光荣什么光荣

现在我们清楚了，“V/Adj 什么 V/Adj”句型是不能用在正式场合的，就像“了$_2$（change of state）”从来不在会议报告中出现一样，因为它是非正式体的口语语法。这是我们要关心的语法的语体分布的第一点。

第二，我们认为教学语法应当从“语体三分”的角度来考虑所有的语法和句式。也就是说，同一个意思（如果可能的话）可以通过三种不同的语体来表达——语义的

① 见 *Sayable Chinese*《中国话的读物》序言，1968。

语体分布。譬如：

（1）庄典体

不外乎：李商隐的艺术特征不外乎“隐秀”二字。

（2）正式体

无非是：李商隐的艺术特征无非是“隐秀”二字。

不过是：李商隐的艺术特征不过是“隐秀”二字。

（3）口语体

就是 / 只是：李商隐的艺术特征就是 / 只是“隐秀”两个字。

只不过是：李商隐的艺术特征只不过是“隐秀”两个字。

又如：

（1）庄典体

不特 / 不唯……且……：

此项法令不特妨碍了经济发展，且导致了社会秩序之混乱。

（2）正式体

不但 / 不仅……而且……：

此项法令不但 / 不仅妨碍了经济发展，而且导致了社会秩序的混乱。

（3）口语体

也 / 还：

这项法令妨碍了经济发展，也 / 还把社会秩序弄得乱七八糟。

再如：

（1）庄典体

NP 出于 / 源于 / 缘于……：动车事故源于管理不当。

（2）正式体

由于……的缘故：由于管理不当的缘故，动车事故频频发生。

（3）口语体：

……是因为……：动车老有事故是因为管理得不好。

再如：

（1）庄典体

凡……之所由，大抵……：

凡社会动乱之所由，大抵皆源于政治与经济之冲突。

（2）正式体

任何……的原因，大多为……：

任何社会动乱的原因，大多为政治和经济的冲突所致。

（3）口语体

所有……的原因，一般都……：

所有社会动乱的原因，一般都是政治和经济冲突的结果。

因此，在教学（和教材编写）过程中，我们应根据语体的不同将具体的句式及语汇标出它们的语体属性（正、雅、俗/白），以便给学生建立一个清楚的语体概念，从而在习得中做到心中有数。

第三，无论是正式体、非正式体，还是庄典体，它们不仅各自独立，彼此有别，同时又有自身等级的不同。下面我们就从正式体句型、正式体词汇、庄典体词汇以及语体的转换等方面，讨论有关教学中的语体等级的问题。

二、正式体句型

有关正式语体词汇及句型的分级标准，我们主要是根据使用频率来划分。就是说，频率高的为级别低的，以此类推。[①]

（一）一级（初级）正式体句型

一级正式语体包含如下必须掌握的正式句型。如：

随 N VP：年轻人的衣着随潮流而变。

无论 A 还是 B，S 都 VP：无论工作还是学习，他都非常努力。

只不过……罢了：只不过是你不了解罢了。

V 于 PW：他们相识于国外。

A 有助于 B：逻辑有助于思考。

A 等同于 B：汉语的句末语气词等同于英语的语调。

（二）二级正式体句型（形式动词[②]）

这里的“形式动词”指“进行”一类语义抽象的动词。朱德熙（1985）根据该类动词语义虚化的特点，称之为“虚化动词”。我们根据它“用在某些词语的前边在形式上构成动宾结构，而不改变原来的词语的意义”的特征，将之视为一种“形式动词（dummy verb）”。譬如：

进行 + $V_{\sigma\sigma}$：对不合理的制度，我们一定要进行改革。

加以 + $V_{\sigma\sigma}$：对不合理的现象，我们应大胆地加以批评。

① 当然，这一标准的科学性及适用性还有待进一步研究探讨。

② 形式动词之所以被定义为二级正式体，除了考虑使用频度低外，还有一个原因是此类动词比较虚化，没有具体的意思，因而较为抽象难以掌握。

从事 + $N_{\sigma\sigma}$：我从事汉语教学工作。

予以 + $V_{\sigma\sigma}$：上级部门对我们所做出的成绩予以了充分的肯定。

这类例子不胜枚举，譬如：进行教材编写，进行思想改造，进行文学创作，进行科学研究，加以社会改造，加以思想改造，加以心理安慰，从事文学研究工作，从事军事分析工作，从事天文观测工作，给予物质供应，给予思想肯定，给予物质奖励，给予物质援助，等等。

王永娜（2010）对 HSK 词表中的 2389 个动词进行了穷尽性的考察，共找出 72 个"形式动词"，兹仅举数例以见一斑（详论参见王文）：

（1）实施类动词：进行（甲）、从事（乙）、开展（丙）……

（2）施加类动词：给予（丙）、加以（丙）、致以（丁）……

（3）致动类动词：保持（乙）、增进（丙）、滋长（丁）……

（4）实现类动词：实现（甲）、达到（乙）、受到（乙）……

（5）存在形式动词：具有（乙）、存在（乙）……

注意：二级正式体句型并不意味着所有的二级句型都要在同一年（或年级）内完成。如果三年级（我们的建议）开始学习"形式动词"，这并不意味着将所有 72 个形式动词全部学尽。从哪些开始、分几个等级学习、分几批学习等问题，是和语体分级不同的"习得"问题，是将来需要认真研究的新课题。

（三）三级正式体句型

三级正式体句型包括"倒序—正式格"及"泛时空化"等语法手段。

1."倒序—正式格"

在积累了一定数量的双音节动词和名词的基础上，利用简单形式动词就可以组构"倒序—正式格"，从而加强表达的正式度。所谓"倒序—正式格"指的是把初级正式体"进行 + $V_{\sigma\sigma}$"的基本结构中的宾语倒置于双音节动词（$V_{\sigma\sigma}$）之前，从而达到进一步的正式化。这类句式中的动词通过双音化而"动名化（gerundization）"，因之抽象化。注意：正式语体中的双音节谓语动词要求其后宾语成分亦为双，这是正式体语法的"造体手段"。如：

口语体	正式语体
编教材	教材（的）编写
买礼物	礼物（的）购买
有权力	权力（的）拥有
偷工具	工具（的）偷盗
送礼金	礼金（的）赠送
收废品	废品（的）收购

"倒序"是创造正式体的一种手段。我们在教材的编写上应该有意识、有目的、有计划、分期分批地把它们融入课文和练习，从而提高学生的语体意识和能力。

2."泛时空化"

动词的名词化形式相对于动词原形的形式，去掉了很多时空性的体现形式（如："—了""—过""—着"；动词重叠；动词的及物性；等等），因此称之为"泛时空化"（冯胜利,2010a）。"泛时空化"就是让动词的动作失掉它个体性和具体性的"体"标记，使之接近或成为一个抽象的概念。如：

随着市场的扩大，产品销售已不成问题。

该句中"市场的扩大"不受时间、条件及方式的束缚，因为去掉了动作的时间、地点、方式，以至于程度等标识动作的具体（形态）标志。据此，我们可以简括为：动词的名词化在很大程度上就是该动作的泛时空化；而动词的泛时空化本身就是正式语体拉开其与现实生活距离的重要手段之一。比较：

具时空

中国从1979年开始发展经济　　（时间）

在中国发展经济　　（地点）

用中国的方式发展经济　　（方式）

大规模地发展了商品经济　　（程度）

泛时空

随着商品经济的发展，人们对财富也就更为崇拜。　　（抽象化）

在过去的三十年中，经济的发展达到了空前的程度。　　（概念化）

如果说"商品经济的发展"在介宾结构中已被抽象化了，那么它在主语位置上则被概念化了。其他像"教材的编写""习得的研究""技能的缺乏""反恐的进行"等词语结构，均可当作"抽象化""概念化"的泛时空化语块来使用，属于"泛时空化"语体手段的结果。有目的和有步骤地培养和发展学生这种正式体表达的能力，是高年级汉语教学的一个重要任务。

（四）四级正式体句型

"介词引进宾语式"正式体句型，是四级正式语体的一个典型结构。我们之所以建议将"介词引进宾语式"的正式体句型列为四年级而非三年级教材的语法内容，是因为学生必须在积累了一定量的正式体双音节动词和双音节名词（包括双音节形容词），同时了解和掌握了宾语倒置后动词双音名词化的正式表达法以后（亦即了解和掌握了"教材编写、教材的编写"等格式转换后），才有可能进一步熟悉和掌握另一正式语体句型——"介词引进宾语式"（如"关于教材的编写"）。这样一步一个台阶，使得学生能够循序渐进地掌握特殊书面语体语法结构和功能。具体例子如下：

我们应对教材进行改写。

是社会对我们加以改造，而并非我们对社会加以改造。

平反后，有关部门对历史情况给予了详细的说明。

公安部门对案件开展了仔细的调查。

与会代表对决议表示支持。

我们要对不法分子实施严厉打击。

“介词引进宾语式”是书面语体语法的又一体式，鉴于其复杂性，我们建议在高年级教材编写与教学时再予以考虑。

三、正式体词汇

如上文所述，词汇亦是语体语法的一部分，那么在传授相关语体语法手段及结构时，我们还应注重相关词汇的提取及练习的编写，使得语体教材语法词汇一体化。下面，我们将正式体词汇进行了大致分类，供各位同仁参考。

一级正式体词汇（参顾百里一年级教材 *Basic Written Chinese—An Introduction to Reading and Writing for Beginners*《基础中文：读与写》）

A. 单音词：元（一元钱）、日（十五日）、同（不同）……

B. 双音词（《汉语书面用语初编》中标有［甲］级的双音组合）：

锻炼、表示、表演、发生、发展、丰富、复杂、回答、基本、集合、计划、结束、解决、解释、进行、精彩、经过、取得、全部、实现、伟大、永远、遇到、预习、增加、掌握……

二级正式体双音词（指那些相对来说较为抽象的双音词，《汉语水平词汇与汉字等级大纲》中的乙级词）

保留、报名、布置、测验、成立、成就、重复、崇高、出版、担任、道路、登记、大型、措施、法律、发扬、发动、愤怒、鼓舞、鼓励、观察、观点、巩固、贡献、概括、概念、改善、制定、整理、重视、征求、哲学、战争、运用、遭受、赞成、原因、愿望、实现、相同、相似、详细、修理、修改、同情、围绕、损失、速度、特点、特殊、普遍、强调、平等、能力、连续、联欢、路线、回忆、获得……

三级双音词（合偶词[①]，参见《汉语书面用语初编》）合偶词是指某些出现在书面语体中的双音词，它们往往与其他双音词合在一起使用，而不能与单音节混搭使用，

① 合偶词主要包括《汉语水平词汇与汉字等级大纲》中的丁级词汇。

也不宜超出四个音节。如：

无法学习	*无法学	？无法认真地学
禁止说话	*禁止说	？禁止随便地说
经受批评	*经受批	？经受不断地批
加以讨论	*加以论	？加以反复地论
进行谈话	*进行谈	？进行反复地谈

应掌握的三级合偶词举例如下：

安定、安装、办理、保障、暴露、爆发、被迫、必修、编制、变动、改革、辩论、参考、测量、测试、颤动、陈列、承担、充实、仇恨、处于、处处、传达、创立、次要、匆忙、从容、摧毁、达成、打扫、大力、奠定、导致、等候、雕刻、动员、独自、端正、夺取、发射、发行、防守、防御、防治、废除、粉碎、封锁、负担、复制、富有、改编、改良、干涉、敢于、高速、格外、给予、购买、观测、观看、灌溉、光临、规划、合成、合法、宏伟、缓和、汇报、混淆、即将、记载、继承……

至于不同年级的教材对各种语体，尤其是正式语体及庄典体的覆盖比例应为多少，则是我们将来应下功夫研究的重大课题。这仅是我们的初步构想和建议。

四、庄典体词汇

汉语中有些“句法自由，韵律黏着”的单音词不能独立使用，必须在双音韵律模块下，与另外一个单音节组合成双才能合法。我们把这种必须嵌入双音节模块才能使用的单音词叫作“嵌偶单音词（monosyllabic word used in a disyllabic template）”。这是汉语书面正式语体的又一大特点。譬如：

友：*您的友来这儿，我一定热情招待。
　　*您的高贵友来这儿，我一定热情招待。
　　贵友来此，定热情招待。

校：*我们校教师都很有名。
　　我校教师都很有名。

访：*他想访著名学者。
　　*他想普遍访著名学者。
　　他想遍访著名学者。

不难看出，因为庄典的单音词不能独立使用，所以必须和“另一个单音词”组成一个双音节的形式才能合法。双音节好像是一个模块（template），庄典的单音词必须嵌入这个模块才能独立出现。“友”“校”“访”单音词独用不合法，“普遍访”“高贵友”“我们校”又超出了“双音节模块（disyllabic template）”的要求，也不合法。

《汉语书面用语初编》（冯胜利，2006）收集了将近250个这样的嵌偶单音词，它们是从古代文言文里直接继承下来用在现代汉语里的。学习汉语书面语，最终得掌握这批单音节文言词。既然庄典体中存在着大量的嵌偶单音节词汇，而庄典体又是中级以下学生难以掌握的语体，所以四年级时让学生开始接触这类词，可谓是恰到好处。以下所列为一、二、三级庄典体嵌偶词（具体用例参见《汉语书面用语初编》）：

一级庄典体嵌偶词（《汉语书面用语初编》中所收录的甲级嵌偶词）

倍、鼻、暗、饱、遍、别、彩、并、重、窗、春、错、大、冬、返、改、感、共、馆、广、国、害、寒、合、忽、互、急、季、肩、兼、简、渐、今、近、觉、连、良、猛、另、屡、内、前、秋、善、同、突、屋、衣、外、校、知、周、桌、相、信、需、易

二级庄典体嵌偶词（《汉语书面用语初编》中所收录的乙级嵌偶词）

案、暴、备、奔、避、鬓、捕、餐、晨、诚、出、挫、代、单、当、盗、敌、定、反、飞、符、甘、骨、故、过、狠、横、厚、患、获、计、佳、结、解、紧、精、久、具、俱、剧、决、刊、恐、苦、酷、快、狂、乐、力、两、料、略、满、觅、明、强、巧、窃、亲、轻、情、确、擅、甚、实、始、试、嗜、速、特、停、痛、微、围、误、喜、细、嫌、享、斜、薪、许、邀、宜、永、勇、尤、予、愈、遇、欲、园、暂、增、职、至、助、准、资、自、思

三级庄典体嵌偶词（《汉语书面用语初编》中所收录的丙级嵌偶词）

惨、畅、承、翠、陡、独、顿、额、逢、孤、固、惯、横、颊、近、景、颈、静、境、惧、聚、巨、刊、枯、困、邻、略、灭、频、欺、奇、齐、切、趋、身、实、私、途、徒、妥、往、畏、险、幸、续、言、迂、余、语、狱、择、掌、臻、骤、住、足

我们建议四年级学习一、二级庄典体嵌偶单音词，到了五年级可以接触三级庄典体嵌偶单音词。第三级之所以有别于一、二两级的原因就在于这些词的使用频率相对来说比较低，但庄典度较高，所以放在五年级教材中比较合适。

五、语体转换

在汉语教学（和教材编写）中，我们还应注重句式的注释及练习的编排。在学习正式句式及词汇时，还应让学生知道相应的非正式的表达方式。同样，正式语体转为

庄典体，庄典体转为通俗体，也应在训练之列。只有这样才能使得学生了解和掌握不同的语体；最后做到不同语体之间的相互转换。如：

庄典体

凡……之所由，大抵……

凡社会动乱之所由，大抵皆源于政治与经济之冲突。

正式体

任何……的原因，大多为……

任何社会动乱的原因，大多为政治和经济的冲突所致。

口语体：

所有……的原因，一般都……：

所有社会动乱的原因，一般都是政治和经济冲突的结果。

语体转换既是语言能力的表现，也是语言训练的手段。我们认为高年级的学生应该具备语体转换的能力，因而在高年级的语言教学（和编写教材）中，应设计相关的例句有效地区别，有针对性地练习不同语体的彼此转换。

第六章　对话课教学与备课会

第一节　对话课教学

一、对话课的目的

在经过大班课的讲练和小班课的集中操练后，对话（谈话）课是学生直接得到教师帮助的黄金时段，也是教师因材施教、有的放矢的最佳机会。对话（谈话）课上，教师可以根据学生的特点进行针对性的指导。除了通过对话帮助学生复习巩固所掌握的词语及句型，帮助其提高口头表述能力外，还可以加强与学生的沟通。对话（谈话）课一般采用一对一的形式，如果人手不够，时间不充裕的话，也可以一对二。

二、对话课的任务

教师要在对话（谈话）课上帮助学生复习巩固所学的生词和句型。

（一）帮助学生记忆生词

教师在帮助学生记忆生词，尤其是比较难的生词时，可采用“提示”和“检查”两个步骤。“提示”指在学生忘记本应记住的生词时，教师给学生一个提示，启发学生自己找到答案。教师自己绝对不能代替学生回答问题。“检查”指在学生找到答案后，教师应该再继续检查学生是否真正记住了这个生词，以帮助学生反复练习，巩固记忆。

（二）复习句型

除生词外，教师还要帮助学生记住句型。在大班课和小班课上训练的句型是重点句型，在对话（谈话）课上，教师需要帮助学生反复练习。为此，对话（谈话）课教师需要提前准备当天的句型及其例句和讨论的话题。对于高年级的学生，对话（谈话）课教师尤其要注意让学生练习不同句型之间的转变、口语和书面语之间的转换。如：

学生：中国文化和美国文化不一样。

教师：不一样还能怎么说？

学生：截然相反。

教师：句子！

学生：中国文化和美国文化截然相反。

为了鼓励高年级学生多说话，在对话（谈话）课上要尽可能地多让学生就某一话题展开讨论。因此教师要能精确地捕捉学生的论点，想办法激发学生进行讨论的热情。有些话题，教师不必深究，只要刺激学生开口表述观点就行，教师应该保持客观中立。话题的引出或观点的表述可以借用他人之口，比如，“我听说……”或者“有人认为……”。这样可以避免与学生产生观点碰撞，引发不快。

三、对话课的注意事项

在对话（谈话）课上，教师虽然面对的只有一到两个学生，但仍需要精心备课，更要备学生，了解学生的特点和语言水平，对其经常出现的错误也要熟悉。由于对话（谈话）课的针对性较强，所以教师在上课时除了之前章节中提到的注意事项外，还需注意：

（一）对话（谈话）课不是聊天

对话（谈话）课是有目的、有步骤、形式较为独特的授课方式之一，教师切忌将谈话课当成聊天，天马行空，不着边际。应该根据教学计划及所学内容，设计好每一次的对话（谈话）课，只有这样才能达到教学目标。

（二）合理分配时间

如果主讲教师兼对话（谈话）课教师，那么则可以提前让学生选择时间段，这样就可以合理公平地分配时间。若对话（谈话）课教师较多，也就是说，假如学生为一，教师为三的话，那么一定要在教学计划上，明确每位教师所负责的内容。另外，暑期项目中，为了使学生接触到每一位对话（谈话）课教师，可以每周调换一下时间段。

（三）有效沟通

如果是另有助教或者其他教师负责对话（谈话）课的话，那么除了时间上的安排外，对话（谈话）课教师还应该有效地与主讲教师进行沟通，通报学生的出勤情况，提出学生存在的问题等。

（四）做好记录

不管学生人数多少，与每个学生进行对话时，都应该做好记录。不仅要记录对话内容、具体句型、所练词语，还更应该针对学生所存在的问题进行记录。从这个角度上讲，这个记录就像病例一样。教师应该根据这些记录的问题，找出解决这些问题的办法。这样，不论下次对话（谈话）课教师是谁，只要看到记录就立刻心中有数。

（五）交谈方位

对话（谈话）课教师与学生面对面坐着比较好，教师可以偶尔与学生对视一下。如果教师一直躲避学生的目光的话，会让学生感到不舒服。不管是面对面坐谈，还是并排坐谈，都应该保持半臂距离。

（六）师生见面

对话（谈话）课时，教师要主动找学生，而不是让学生找教师或是让学生等教师。因此教师必须熟悉自己的每位学生，这就要求教师在第一次和学生见面时能够记住每位学生的名字。

（七）帮助学生开口

对对话（谈话）课教师来讲，帮助学生开口，除了可以采用小班课教师的技巧之外，还要努力地猜想学生可能要说什么，争取把学生想说但说不出来的词/句告诉他，然后让他反复练习以巩固加强。如：

学生：*对中国感更大的兴趣了。

教师：对中国更感兴趣了。再来！

（八）加强纠错

增加纠音的力度：有错必纠。开学第一周要让学生建立有错必纠的习惯；第二周真正开始纠音。对洋腔洋调的口音一定要纠正；对那些有南方口音的学生可以不纠。对于顽固性语音错误，要根据记录，坚持纠错。并要根据其错误类型，给学生选一些有针对性的练习，重点突出地帮助学生。

（九）认真备课

备课时，低年级对话（谈话）课教师应有明确的目标，对学生应掌握的词语、句型等都要做到心中有数。若有超纲词语的话，应在教案中有所体现。对于高年级对话（谈话）课，则要在准备讨论的话题时做到每个人手里必须有一套话题，大班课教师要组织出自己年级的一套话题。年级不同则话题也应该不同，每个年级应该确定好自己年级话题的类型与难易程度。基本原则是：年级越高，话题就越应该涉及社会生活中的敏感问题。大班课教师可以组织授课教师列出一个话题单，对于所准备的话题，教师必须预先认真考虑自己的观点是什么，观点必须有深度，如从人类史上、从哲学上思考问题存在的原因、问题的性质等。教师永远不要高估学生的语言水平，也永远不要低估学生的思想水平。教师可在备课时查阅相关文献，预先准备好话题的相关内容，预测每个话题可能存在的看法，以便能够正确合理地回应和评价学生的观点。

第二节 备课会

一、备课会的目的和内容

备课会是教师之间交流教学体会、探讨教学内容与相互沟通的最佳途径。备课会不仅大班课教师要参加，小班课和对话（谈话）课教师也应参与。备课会不仅要备内容，讨论疑难点，更要讨论具体讲课方式。

以哈佛北京书院为例，其教学的结构本身就决定了备课会的必要性。第一，哈佛北京书院的教学设置是：每个年级有一名负责教师，这名负责教师决定本年级教学进度、教学内容，并负责大班课的教学；其他教师的责任则是以配合大班课为目的设计并教授小班课和对话（谈话）课。这就决定所有教师必须统一教学内容、范围以及预期的练习深度。第二，哈佛北京书院的课程设置是：大班课讲授新语言点，练习新句型和生词（有讲有练）；小班课集中练习大班课所讲的新句型及语言点（不讲只练）；对话（谈话）课进一步根据学生个人情况有针对性地做进一步练习，并在假设的情景中对新句型的运用进行练习。这样的课程设置就要求从第一堂大班课到最后一堂对话（谈话）课教学内容一定要统一配套。大班课讲什么，小班课和对话（谈话）课就练什么。

备课会的内容一般包括：统一教学内容，划定教学范围，交流学生情况，讨论设计教学法，安排每周行政事务。

二、备课会的程序

备课会的程序依据其内容，由每个年级的负责教师组织本年级的教师进行，不仅要备内容，还要备学生。

第一，年级负责教师做本周行政事务性安排。如本周对话（谈话）课的轮换、值班教师的安排、课外活动的安排等。

第二，任课教师总结并交流学生情况、教学情况。把需要特别注意的事项告知其他教师，如某学生的某个发音有很大问题。这样，凡是碰到这名学生的教师都会有意识地注意改正他的问题。又如，对话（谈话）课教师普遍反映某句型在练习当中有问题，大班课教师此时就需要注意此句型可能没有讲解清楚，在本周的大班课上就可以再做讲解。

第三，过课文，统一语言点、新句型和需要特别注意练习的新词语。提出并讨论难点句型和词语的训练方法并备出教案，如在用所学过的词语引出新句式后，就应该讨论如何用新词进行替换，进一步巩固。如：

目标句型：S 对……很有兴趣。

导入句：我对学汉语很有兴趣。

替换词语：学日文、学做生意、做中餐、唱歌、跳舞、泡茶

导入句：我对音乐有兴趣，你呢？

替换词语：跑步、看书、看电影、学习汉语、找语伴

在备课会上，教师要对句型的形式结构进行分析，对其功能进行探讨，更要针对该句型的语用环境进行讨论，总结出其最佳应用场景。这样才能在备课时做到心中有数，上课时才能有的放矢，达到最佳的授课效果。

第四，讨论对话（谈话）课的课堂内容及训练方法。对话（谈话）课的授课内容必须是大班课和小班课所学过的句型结构及词语，因此对话（谈话）课必须排在大班课及小班课之后。为了保证对话（谈话）课的教学内容不超前，暑期项目的对话（谈话）课一般安排在下午，正常学期中的可以比大班课和小班课晚一个星期开始。此外，教师备课时更应该针对学生的难点进行交流，并提出解决办法，不论是个别学生在发音上的困难还是学生共同的错误。另外，还应该针对教学内容，提出对话（谈话）课具体内容的练习方法，生词、句型、课文内容等都应该涉及，为对话（谈话）课教案的构思起指导作用。

第五，确定讨论的话题。低年级对话（谈话）课的教学内容，还可以包括角色扮演。当学生掌握了必要的句型及生词后，可让学生根据所学内容进行角色扮演或者设计一个小活动，让学生完成一项任务等来灵活使用所学内容。譬如，当学习了到餐馆吃饭后，就可让学生三个人一组分别扮演顾客、服务员进行场景再现。另外，也可以让学生了解其他学生喜欢吃的菜，帮助其从餐馆订餐。备课会上可以讨论活动具体内容、形式、时间以及学生是否需要时间进行准备，如事先分组还是临时组队等。高年级则要针对所学内容制定讨论话题，话题不仅与所学内容有关，还可以是一些敏感的话题，能激发学生参与讨论的欲望，同时又能使学生运用所学句型及词语。此外，还可就具体细节进行讨论，如教师的话题诱导、提问及回应方式等。

第六，负责教师总结归纳备课会内容并宣布下次备课进度及其他有关事项。在具

体内容讨论之后，负责该课内容的教师应对此次备课会内容进行总结汇报，包括所学句型的顺序、重点操练词语、存在问题及解决方式等，同时安排下次备课时间、地点及内容。

三、备课会的注意事项及要求

备课会要对整个教学过程进行精心的准备，因此教师在备课时需注意以下几点：

第一，引导句正确。课堂引导句设计是教学环节的中心，设计时要注意引导句本身必须正确，能让学生一答就对。如：

目标句型：祝 Sb. Adj！

不太好的引导句：今天是周五，你要什么？（教师手指黑板上的目标句型）

较好的引导句：今天是周五，你要祝谁怎么样？

同时，设计引导句时要针对关键词设计问题。如：

目标句型：……听说……

不太好的引导句：我听说张老师没来上课。你听说什么？

较好的引导句：你听说张老师什么？

你听说中国什么？

此外在设计引导句时，还要对学生可能做出的回答进行预测。如果学生的回答不对，则要纠错。如：

目标句型：VP 好了。

教师：老师很累，老师可以什么？

学生：* 老师可以休息好了。

学生的句子有两个错误：一是情态动词“可以”不能和“好了”一起用；二是该句型用于面对面地建议对方做某事，所以应用第二人称“你”。

第二，练习设计要过渡自然，由易到难。从一个句型到下一个句型的转变要自然，中间要有合适的引导句过渡，不要让学生感到突然。同时，当学生遇到较难的生词时，小班课教师应该把生词糅到当天的课堂练习中。教师可以把难词拆开，带读两遍，问问学生自己说的是什么，再练习，然后引入句子练习。如：

难词：社会调查、调查报告

教师：调查（带读两遍后，学生合唱）

教师：社会调查（带读两遍后，学生合唱）

教师：想想你说的是什么？（请学生个别回答）

教师：一起说！

（然后教师引入句子练习）

目标句型：给……造成……（损失）

教师：损失（领读两遍）

教师：造成损失（领读两遍）

教师：什么会给美国造成损失？

学生：……

教师：还有什么？

学生：……

教师：你觉得呢？

学生：……

又如，在进行“教授具有亲和力好，还是学术水平高好”的讨论时，学生如果听不懂“亲和力”这个词，教师可以用白话把“亲和力”这个词解释清楚，可将问题转换为“教授让人喜欢好，还是学术水平高好”，这样学生就明白要讨论的问题了。待学生回答完毕之后，教师可以问学生“让人喜欢是什么”，学生回答“亲和力”，这样便可回到原话题。教师必须能够清楚地判断学生遇到了什么样的困难，并能够找到好的方法帮助学生解除谈话过程中的各种障碍。

第三，避免教案中出现种族及文化歧视性语言及图片。汉语教师要对文化有敏感度，避免使用有关种族及文化歧视的语言和图片。有些教师认为理所当然的事情，会让某些学生感到不舒服。譬如，有的教师在做课件时，针对“谁常常没有饭吃”这句话时，使用了一张有几个非裔孩子的图片作为提示，想让学生回答“非洲的孩子常常没有饭吃”。尽管这种画面很常见，但班上的非裔学生会感到不舒服，提出异议。另外，也应尽量在课件中避免使用肥胖人物的图片，这会让体重超标的学生感到难堪。如果一定要用的话，可使用相关的动物卡通图像，这样既可以避免引起上述问题，又可以创造诙谐有趣的语言环境，帮助学生掌握语言。

第四，不打无准备之仗。为了达到备课会的预期效果，备课会前每位教师要根据教学安排及内容事先做好功课，查资料，写构思，谈问题。做好充分准备后，才能在会上进行有效的交流沟通，提出问题与大家探讨。

第五，分工合作。教师可根据备课会内容进行分工，譬如，某个教师负责某些句型及词语的书面教案的写作及课件制作。最好是提前备好内容，在备课会上将自己所负责内容打印出来，人手一份，针对具体内容进行详细讨论。随后，负责教师可根据大家的意见进行修改，统一教案格式后，发给各位教师备用。

第七章　汉字教学

第一节　对汉字教学的再认识

一、对汉字教学的误解

对西方人来说，汉语是世界上最难习得的语言之一。除了声调难以习得外，对初学者来说，汉字学习的难度用“难于上青天”来形容似乎并不为过。首先，与字母语言有别的是看见字形读不出字音，更无从谈起明白字义了。其次，汉字笔画结构复杂，容易写错。如：帮、喜、事、落等。有些字虽然笔画不多，但由于字形相近，亦容易混淆。如：人与入，己、已与巳，少与小，间、问与闲，等等。有的字笔画多，加之字形相近更不易掌握。如：辩、辨、辫、辣。再次，汉字字数多，一般需要三四千字才能读书、读报、听新闻。加之形、音、义之间有很多交叉关系：多音多义（人参、参加）；一音多义（推倒、倒班、倒霉）；一义多音（剥削、剥皮）；词义的分别和意思的虚实（白马、马路、马上、马大哈）；等等。更让人头疼的是，汉字还有简繁两种系统。顾安达（2005）亦曾指出：“汉语拥有上万个汉字，区别于由 20 个到 50 个符号组成的字母文字系统，而多数汉字除含有表音功能的符号外，还含有表意功能的符号。”因此，“汉字系统以其世界上独一无二的复杂性，极大地制约着西方人学习汉语的过程”（顾安达，2005）。以上原因使得汉字成为汉语教学，尤其是汉语作为外语教学的一大障碍。

二、对汉字教学的再认识

难道汉字教学与汉字学习的难度真的到了令人望而却步的地步了吗？非也！我们

认为人们之所以对汉字教学及习得如此困惑，原因有四：一是人们对汉字与汉语的关系以及汉字教学的地位缺乏正确的认识；二是目前人们对汉字教学思路不明确；三是教师对学习者汉字认知、习得过程的认识不足；四是目前的汉字教学方法欠妥。

说汉字不难，首先是因为汉字为自源文字（Mair，2001：39-44），数千年从未中止过使用。从文字发生学的角度来说，文字分为自源和借源两大类。所谓自源文字，是指从文字产生开始，就独立发展的文字，文字的形状和体系是自己独创的，历史也比较悠久，如汉字、亚洲西部的苏美尔楔形文字、中美洲的玛雅文字。这些自源文字中，只有汉字福寿绵长，至今健在，其余的都已死亡，或者只是后裔留存。借源文字是指借用或参照其他文字形体或系统而建立的文字，如日文是借源于汉字，英文、法文等都借源于拉丁字母和希腊字母，而希腊字母又借源于古埃及文。汉字为语素文字，需不断创造新字以记录新语素、新词语。收字最多的《中华字海》(1994 年版）共收字 85568 个。可是这些字绝大多数都是“死字”，与现代人的生活不相干，故没有必要以此为学习目标，使人“望字却步”。其次，常用汉字数量有限。据统计，常用字数为 3500 个，覆盖率达 99.48%；识读字数为 7000 个时，其覆盖率可达 99.999%。实际上，“汉字的使用频率是很不平衡的：最高频 1000 字的覆盖率大约是 90%，以后每增加 1400 字大约提高覆盖率 1/10”(周有光，1997：64)。表 10 内容来自《中国语言生活状况报告》(下编)(2006)。

表 10　汉字对语料的覆盖情况

覆盖率	达到 80% 的字种数	达到 90% 的字种数	达到 99% 的字种数
全部语料	591	958	2377
报纸	591	955	2401
广播电视	528	904	2370
网络	589	954	2340

从表 10 中可以看出，591 个汉字就可以覆盖全部语料的 80%，958 个汉字就覆盖全部语料的 90%。这从一个侧面说明学习汉语并不像有些人想象的那么难。

在上文提到的 3500 个常用汉字中，字频序号在 2400 以后的字，无论增加多少，总的覆盖率只有 1.0%。汉字使用价值递减的规律说明，2400 个常用字的应用价值和学习价值是最高的。而且越是常用的字，平均笔画越少。实际上，笔画多、结构复杂主要在初学者认写时会成为问题，随着汉字知识的增加，只要把学习字数控制在 2400 个左右，这一问题并不突出。

第二节　汉字教学的重点

一、高频字

根据国家《信息交换用汉字编码字符集·基本集》(2012)：一级字库为常用字，3755个；二级字库为不常用字，3008个；一、二级字库共有汉字6763个。一级字库的字，使用频率合计达99.7%。即在现代汉语材料中的每一万个汉字中，这些字就会出现9970次以上，其余的所有汉字也不足30次。而其中最常用的1000个汉字，使用频率在90%以上。

首先，我们应该了解哪些字为使用频率最高的汉字。据资料显示，汉字中最常用字560个，常用字807个，次常用字1033个。三者合计2400个，占一般书刊用字的99%，所以学生如果认识2400个常用字就能阅读一般书刊。表11为1000个常用汉字按照使用频率由高到低的排序。

表11　1000个常用汉字使用频率排序

排序	汉字
1～5	的一国在人
6～20	了有中是年和大业不为发会工经上
21～40	地市要个产这出行作生家以成到日民来我部对
41～80	进多全建他公开们场展时理新方主企资实学报制政济用同于法高长现本月定化加动合品重关
81～150	机分力自外者区能设后就等体下万元社过前面农也得与说之员而务利电文事可种总改三各好金第司其从平代当天水省提商十管内小技位目起海所立已通入量子问
151～250	度北保心还科委都术使明着次将增基名向门应里美由规今题记点计去强两些表系办教正条最达特革收二期并程厂如道际及西口京华任调性导组东路活广意比投决交统党南安此领结营项情解议义山先车然价放世间因共院步物界集把
251～400	持无但城相书村求治取原处府研质信四运县军件育局干队团又造形级标联专少费效据手施权江近深更认果格几看没职服台式益想数单样只被亿老受优常销志战流很接乡头给至难观指创证织论别五协变风批见究支那查张精林每转划准做需传争税构具百或才积势举必型易视快李参回引镇首推思完消值该走装众责备州供包副极整确知贸己环话反身

续表

排序	汉字
401～500	选亚么带采王策真女谈严斯况色打德告仅它气料神率识劳境源青护列兴许户马港则节款拉直案股光较河花根布线土克再群医清速律她族历非感占续师何影功负验望财类货约艺售连纪按讯史示象养获石食抓富模始住赛客越闻央席坚
501～650	份士热限米银息校均房周游千失八检足配存九命尔即防钱评复考依断范础油照段落访未额双让切须儿便空往你层低奖注黄英承远版维算破铁乐边初满病响药助致善突爱容香称购届余素请白宣健牌促培竞巴稳继紧字困刘旅声超随例担友号显却监材且春居适除红半买充陈火搞图阳六察试太什执片古七球修尽控讲排粮武预亲挥卖审措荣洲卫希店良
651～1000	属险曾围域令站苏龙念罗吨器汇康减习演普田班待星飞写矿轻扩言章汽靠毛终仍景置底福止离泽波兰核降训逐票菜座献钢眼损宁像苦印融独湖早予夫编换欧努著顾征升态套介送某斗状画留航派室临兵补宝略黑综云差纳密贫剧犯阿击遇岁阶烈督吃丰馆招害官树听庭另沙私针胜贷网愿托缺园假酒音巨既判输讨测读洋括筑欢刚庆久陆找楼激晚绝压故互签汉草木亩短绍迎吸警藏疗贵纷授登探索湾宏录申诉秀序顺死卡歌午孩桥喜川邓扬津温船库订练候退违否彩棉帮拿罪币角召灾妇杨奋绩虽煤免笔够永圳停奥鲜朝吴岛觉移尼急博贯拥束左细舞幅语俄奇般简拍脑债固威券追筹刻映繁伟甚饭右彻烟沿街血冲洪植誉刊玉厅救潮迅伍怎付倍顿述播励斤乎纸振旧障鼓艰呼吉男绿尚夏亏季松哈祖典韩遍夜轮板抗摄杂皮责借幕罚伤岸扶乱曲脱践危澳童散味叶累谢孙邮雄兼微呢谁惠偿署择染答块徐鱼赞课盛延瑞怀堂

知道了哪些是高频汉字后，教师就可以在汉字教学上有的放矢，而非眉毛胡子一把抓。

二、语素

仅仅知道常用汉字只是第一步，教师还应该了解最为常用的语素有哪些。研究表明，汉语中能产性最高的十大语素为：人、大、年、一、中、不、国、出、上、日。在12207个使用率最高的词中，177个词含有“人”，148个词含有“大”，147个含有“年”，132个含有“一”，含“中”的有128个，含“不”的有127个，含“国”的有118个，含“出”的有112个，含“上”的有104个，含“日”的有102个。

另有研究表明，在15699个高频词中，34%为名词，25.58%是动词，小品词占7.83%，副词为6.77%，形容词为5.49%，介词与代词分别为4.48%和4.47%，而数量词和连词所占比例分别为2.98%和2.76%，习语所占比例更是微乎其微，仅为0.36%。

汉语为语素文字，语素文字虽读音上有先天缺憾，但或可长效，语义和字形的便利逐渐显现。关键是拼音文字和语素文字的成词能力和覆盖能力差别巨大。因此，把文字学习跟语言学习联系起来看，汉字系统或许有其一定的优势。

吕叔湘（1987）把汉字的优点概括为以下几点：

1. 一个汉字代表汉语里的一个语素，把字形、字音、字义结合在一起，便于独立使用；

2. 音同字不同，便于辨别同音字；

3. 汉字的读音因地域不同而不同，因时代不同而不同，使用汉字书写则可以通四方，通古今；

4. 汉字笔画的双向度安排，不仅能够节约篇幅，加快阅读速度，还便于查找。

可是我们对这些所谓的优点一定要冷静地对待。第三点和第四点基本与汉语教学无关，暂且不论。

三、汉字与汉语

作为汉语教师，我们应坚持语言学的基本立场，即语言是第一位的，文字是语言的书写系统。那么，汉语与汉字的关系有其特殊性吗？没有证据显示特殊到了有悖于语言学的上述立场。汉语的确重语感，重语境，但哪种语言又不是呢？

我们知道每一个汉字的背后都是它所代表的语言单位。它的意义的确定靠的是其读音和语境（即组合关系），而非构型，如：在告诉名字“史峥”时，会说“历史的史，峥嵘岁月的峥”。

汉字是汉语的“历史选择”，汉字系统不断适应汉语的发展：在甲骨文中，常用汉字的百分之七十具体用法是“通假”（姚孝遂，1980：14）。这难免造成表达和解读上的双重困难。形声字的出现便是为了克服这种困难的努力之一。古汉语中“语素—词—字”三者一体的关系随着汉语词的多音节化变得更加多样。二者的磨合不可逆转，但在学理上无法证明汉字为汉语的“最佳配置”。

除了“联绵词”（匍匐、缠绵）和译音词（阿里巴巴、咖啡）外，现代汉语中的基本代表为语素（词素）。这是处理汉语教学中汉字教学的基本出发点，即把汉字教学与词汇教学紧密结合。词汇教学是语言教学的一部分，而现代汉语词汇又以多音节词为主，汉语书面语又是不分词连写，所以培养学生对不同语体的语感殊为重要！

以上是汉字与汉语的“外部关系”，形、音、义之间的关系是汉字的内部关系（张猛，2015）。汉字的内部关系是文字学的研究领域，初级阶段汉语教学中的汉字问题主要解决的是汉字的外部关系。对文字学知识的利用必须在词汇积累到一定程度后进行，而且主要以设计有效的练习来达成，而不是正面讲授。如果一定要在综合课里正面处理，可以参照下面的做法：一日一字，选字典型，反映字理并为常用的词或语素。

总之，汉字的学习有助于掌握书面语，达到固化汉语知识与提高汉语能力的目的。

四、坚持“以语带文，以文促语”的教学原则

那么如何学习汉字呢？我们的原则是“以语带文，以文促语”。我们知道儿童对母语书面形式的获得方式是通过反复听读，在熟知故事内容的基础上，再找寻读音与词形的对应，整词记忆。对词语拼读的认识基于一定的词汇量的积累。即使是多母语者也是如此。在成人第二语言的学习中，这种基本形式不会发生根本的变化，不同的是成人“语”的获得不受认知能力的限制，“文”的获得不必像儿童那样滞后于语那么长。

“以语带文”是指“语”的获得最佳途径为目见不如耳闻，耳闻不如口说。我们应始终将口语产出能力放在语言教学的首位，提倡语言输入的提供和接受能力的培养应在课前和课外完成。“识字”是接受能力的一部分，自然也在课外完成。哥伦比亚大学的做法是：首先要求学生反复听课文的录音并观看基于课文内容摄制的教学片，完成听力作业，学习生词表，然后做两种汉字练习簿里的练习。一种是笔顺的练习（像佟秉正《汉语口语》的汉字练习簿一样），参见图 11。

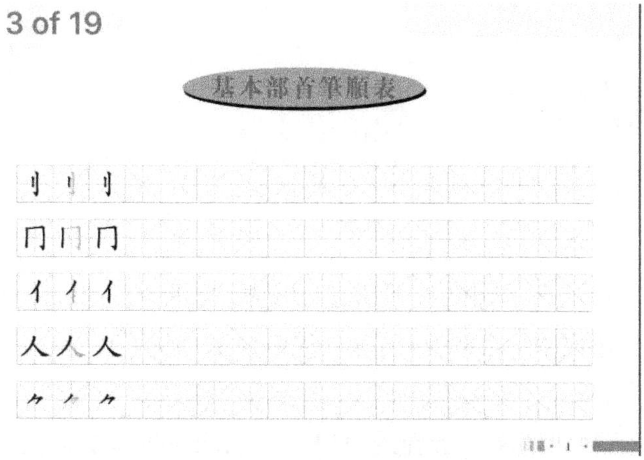

图 11　哥大汉字练习簿（1）

另一种是我们自己编写的汉字练习簿。编写的指导思想就是把汉字作为语素来教，放在有意义的语言表达中去记。参见图 12。

課 kè Class 【言】(课) *計說訴	上課 Go to class			
校 xiào School 【木】 *本機樹林	學校 School			

图 12 哥大汉字练习簿（2）

图 13 是哥大初级汉语汉字练习簿的最新样本。

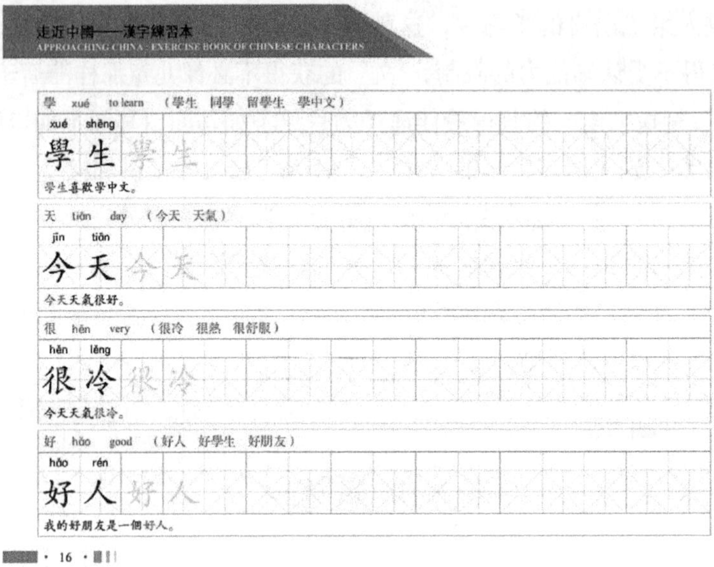
走近中國——漢字練習本
APPROACHING CHINA · EXERCISE BOOK OF CHINESE CHARACTERS

學 xué to learn （學生 同學 留學生 學中文）
xué shēng
學生 學 生
學生喜歡學中文。

天 tiān day （今天 天氣）
jīn tiān
今天 今 天
今天天氣很好。

很 hěn very （很冷 很熱 很舒服）
hěn lěng
很冷 很 冷
今天天氣很冷。

好 hǎo good （好人 好學生 好朋友）
hǎo rén
好人 好 人
我的好朋友是一個好人。

· 16 ·

图 13 哥大最新初级汉语汉字练习簿

哥大汉语综合课的所有课内时间都是在练习说的能力，可是所有语料都是以汉字呈现的（拼音的作用仅限于给汉字注音），逼迫学生在汉字和词语之间建立联系，强化和巩固预习的成果。

课后要求学生背诵课文，培养规范的、成段表达的能力。这是“以文促语”的开始。如果说低年级综合课语言结构的导入是以学生最为熟悉、最适合课堂教学的语境启动的话，到了三、四年级，开始学习较为正式的语体，教学的出发点则是“范文”。一般都是以对课文内容的讨论推进教学并引出语言结构（反映正式语体特征），再通过联想深化讨论。课后要求学生使用课文中的语言成分（词汇、表达式、语模）

作文，教师批改后录成录音发还学生，学生听着录音在课外练读，然后回到课堂做“presentation”。也就是说，正式语体的学习是从范文出发，到自己的文本，再落实到“挂在嘴上的文章”。这是通过“文”学得“语”的一些书面特征并养成正式口语能力。

汉字与汉语的关系符合语言学对语言和文字关系的一般论述，汉语和汉字没有所谓“最佳配置”的理据，很可能是出于语言之外的原因所做的历史选择，这一选择的优与劣几乎无法判断，对这一问题的讨论也对汉语教学没有太大帮助。可以肯定的倒是，汉字系统本质上是语素音节性的。所以，汉字教学必须紧密结合词汇教学和语体教学，而绝不能过多关注构型理据。对汉字表义成分的利用，则应视教学对象及其学习目的而定。

第八章　朗读训练与语感培养

第一节　朗读训练的必要性

朗读对中国学生来说再熟悉不过了，但对外国学生来说却比较陌生。走在外国校园里，你很难看见正在大声朗读课文的学生。要让学生养成朗读的习惯，那么教师自己要知道朗读的好处有哪些。

首先，朗读对提高发音的准确性有着积极的促进作用。我们应该鼓励学生跟着录音朗读，这样学生在模仿正确的语音语调的同时，可以让其口、舌等发音器官相互配合，掌握正确的发音部位，习惯汉语发音。

朗读是一个眼睛、耳朵、发音器官及大脑同时使用的过程。简单的朗读，却调动使用了如此多的器官，不能不说是一个复杂、神奇却又极为有效率的语音练习活动。

朗读可以帮助学生记忆生词及习语；使得学生更加了解词语出现的的语境。朗读时，眼、耳、大脑同时使用，会更加强化相关词语的记忆。

朗读也是一个强化句型理解及记忆的过程。在朗读时，学生会更加仔细地注意相关句式的意义，体会相关句式出现的语境。由于课文中的语法是标准的，朗读就是正确的语法输入得到了强化。

朗读也是一个帮助学生克服用汉语表达时的羞怯感的过程。当学生能够熟练地朗读汉语课文时，他们的自信心也在增强。

朗读更是一个培养语感的过程。学生在字正腔圆地朗读的同时，会对汉语的词语搭配更为敏感，这对他们语感的培养更为有效。

最后，朗读对学生汉语韵律感的培养是不可或缺的。语音韵律在汉语中具有举足轻重的地位，因此海外汉语教学的开山大师 —— 赵元任先生把语音的教学放在汉语习得的首位。他在《国语留声片课本》的自序中写到“学习语言的，第一样要记得的就是‘耳闻不如口读’”，所以“口读”是韵律语感培养的“不二法门”。通过“读”来训练韵律的语感是需要方法的，本章以哈佛北京书院“朗读训练班”草拟的基本原则和条例为例介绍几种方法。

韵律语感的培养分为四大类型：语音、重音、节奏和语调。韵律语感的培养要注意训练的先后阶段：初级阶段（一年级）要做到声调 >（先于）重音 > 节奏 > 语调。到了中高级阶段（二年级以后）则要齐头并进，也就是声调、韵律同步进行。教师自身必须具备一定的朗读方面的能力和知识，了解朗读的基本要素——轻重、高低、长短（缓急），掌握朗读的基本原则——自然适度、避免夸张。下面将从语音、重音、节奏和语调四个方面介绍朗读必备的知识和要求。

第二节　语音训练

语音训练根据汉语拼音组成部分进行训练，包括声母、韵母、介音、声调。在训练过程中，这四个组成部分的侧重是不同的，原则上应该是声调 > 介音 > 韵母 > 声母。“没有声调的汉语”就像“没有元音的英语”一样，不堪入耳。汉语里的韵律与声调息息相关，没有声调也就无所谓韵律。因此，要把声调作为汉语所以为汉语的首要特征。没有调，不是汉语。下面分别介绍声调、声母、韵母、介音以及口腔肌肉的训练方法。

一、声调训练法

训练声调可以有各种各样的方法，每种方法的效果也因人而异。使用较多的方法分别是：

1. 高低二元入门法：一声［高高］、二声［低高］、三声［低低］、四声［高低］。

2. 哼调法：用闭嘴哼调的方式来练习听说的方法。

3. 组词记练法：把四个声调编成短语来记练，如赵元任先生的“偷尝两块肉”等。

大多情况下，学生在单个声调掌握方面未必有问题，然而一旦与其他声调结合就失准，鉴于此，我们的做法是在声调练习之初就进行双音练习。如：

b：	bàbǐ	bàiběi	bāobì	bēnbō	búbì
p：	pǐpèi	páipào	pápō	pōpí	piānpáng
f：	fāfàng	fànfǎ	fāfú	fāngfǎ	fēnfù
h：	héhǎo	Hēi hǎi	hēhù	huīhuáng	huāhuì

而后逐步过渡到句子。但到了句子层面，我们发现学生常在比较容易掌握的一声上出问题，把一声读成降调。其实对初学者来说，读句中的一声时一定要有一定的长度，也就是说要有意识地将之延长一下，就可以避免这个问题了。如（“.”表示轻声）：

Zhāng //Yī//zhōng //yě.shì //Luóbótè de //xīn //péng.you.

而不是下面的：

Zhāng Yīzhōng //yě.shì //Luóbótè de //xīn péng.you.

另外，二声四声组合或四声二声组合也是学生常出错的地方，如：

Bù lěng bú rè.

Tài qíguài le.

四声二声或二声四声组合的关键是要将先出现的二声或四声的声调发全，之后的四声或二声会自然带出。也就是说，只要强化了先出现的二声或四声音节的声调，自然力量带出其后音节的声调。

若学生的第四声声调有问题，往往是由于四声的起调太低，可让学生从该音节的一声声调起读，然后从一声声调的调值直降，就有了四声的正确读音。再者，凡是轻声的音节，一般都黏着在前一个全调音节之后。因此，轻声音节后，最好有一个小停顿。

下面是一些学生常出问题的声调练习示例：

1. 二声练习

4+2：	sìshí	hùnhé	lèixíng	zìrán
	shàonián	tàijí	yànxué	dànbó
1+2：	Zhōngguó	Yīngguó	Zhōngwén	Jiānádà
	jiārén	suīrán	xiān lái	qīnrén
2+1：	Lúndūn	wénzhāng	yánjiūshēng	pángbiān
	pífū	míngchēng	guógē	língshēng
2+2：	tóngxué	liúxuéshēng	Déguó	Hánguó
	cónglái	hóngchá	chá lái le	chángcháng
	huánxíng	yáncháng	xuéxí	chéngqiáng

yǒng é
咏 鹅

luò bīn wáng
骆 宾 王

é é é,
鹅鹅鹅，

qū xiàng xiàng tiān gē,
曲　项　向　天　歌，

bái máo fú lǜ shuǐ,
白　毛　浮绿　水，

hóng zhǎng bō qīng bō.
红　掌　拨　清　波。

2. 三声练习

3+3：	hěn hǎo	shuǐjiǎo	qǐshǐ	kěyǐ
	chǎomǐ	mǐjiǔ	jiǔguǐ	suǒyǐ
	liǎojiě	yǔfǎ	Lǎo Lǐ	yuǎnzǔ
	xiǎogǒu	xǐzǎo	shuǐguǒ	nǐ hǎo
	dǎgǔ	mǎi jiǔ	xiǎojiǎo	xiǎocǎo
	yǔnxǔ	zǎo zǒu	xiǎng zǒu	lǎohǔ

半三声：

Niǔyuē	kěshì	qǐng wèn	wǎngqiú
Běijīng	Měiguó	Fǎguó	qǐng shuō
lǎoshī	hǎokàn	nǚhái	nǐ kàn
cǎihóng	fǎlǜ	nǐ shuō	zǒulù
wǒ lái	qǐng zuò	dǎ qiú	lǚyóu

3. 四声练习

1+4：	kāihuì	chīfàn	tīngkè	xīngfèn
	gōngzuò	Yīng-Hàn	zhīdào	gōngkè
	yīnyuè	hēisè	huīsè	shēngsè
4+1：	dàjiā	dì-yī	xiàtiān	kàn shū
	càidān	tàikōng	bèishū	dòngjī
	sànkāi	Hàn-Yīng	qìgōng	wànyī
4+4：	duìhuà	guìxìng	zàijiàn	zhàogù
	shàngkè	Yìdàlì	diànshì	jièshào
	sùshè	kàn bào	jiàoshì	shuìjiào

4. 变调练习

"不"的变调练习

不+一、二、三声：

bù zhīdào	bùgōng	bù hē	bùzhēng
bùchéng	bùrú	bùfú	bùxíng
bù hǎo	bù qiǎo	bùgǎn	bùxiǎng
bù zǎo	bù lěng	bù lái	bù mǎi

不+四声：

bú huì	bú kàn	búcuò	bú qù
búyòng	búzài	bú shì	bùwén-búwèn
búyàojǐn	búlì	bújiàn	búduì
bú rè	bú dà	bú mài	bú tài hǎo

"一"的变调练习

一+一、二、三声：

yìbān	yìbiān	yìsī	yìtiān
yìlián	yìqí	yìliú	yìzhí
yì chǎng	yìqǐ	yìdiǎnr	yìkǒuqì

一+四声：

yíbàn	yíqì	yícìxìng	yídìng
yígòng	yídàn	yíyàng	yíqiè
yí biàn	yígài	yíbèizi	yíyì

5. 轻声练习

xué.shēng	pí.qi	péng.you	nǎi.nai
xǐ.huan	shū.fu	shén.me	ér.zi
dì.fang	rèn.shi	jué.de	sūn.zi
hé.qi	tā.men	míng.zi	xí.fur
yīn.wèi	wǒ.men	gē.ge	shì.qing
dì.di	xiè.xie	fù.qīn	zhuō.zi
mǔ.qīn	jiě.jie	mā.ma	duì.fu
bà.ba	cōng.míng	yé.ye	ěr.duo

gè.zi	gōng.fu	guài.bu.de	kàn.qǐ.lái
shuō.chū.lái	xǐ.huān.shàng	shuō.bu.de	míng.bai

二、声母训练法

1. z、c、s 的发音练习

zàizào	Zàngzú	zāozuì	zéizāng
zàicì	zácòu	zǎocān	zàocì
zàisān	zànsòng	zàngsòng	zēngsè
cāicè	cáncún	cáncì	céngcì
cāzǎo	càizǐ	cáizǐ	cǎizé
cǎisè	cáisī	cānsài	cèsuàn
sānsī	sēngsú	sèsù	yīnsēnsēn
sānsān	liǎngliǎng	sāngzǐ	sǎozi
sāngzàng	sèzé	sān zuò	dàshān

2. zh、ch、sh 的发音练习

zh：zhī zhōng	zhàizhǔ	zhāngchéng	zhāzhēn	zhùzhái
ch：chūchù	chéng chē	cháchāo	cháchǎng	chuánchū
sh：shīshēng	shūshì	shénshèng	shānshuǐ	shàngshū

3. j、q、x 的发音练习

pìjìng	qīxiàn	xī qì	chūqù	jiàqī	píngjìng
qījiān	jīngqì	jíjǐn	chāijiàn	píngxī	jiāoqì
qícái	xià qí	qìxiàng	jiùjì	jiànqǐ	xíngjìn
xīqín	qíxí	jīnxīng	xīngqī	qīnxìn	jiāngxǐ
qǐjià	jiāxiǎo	xiàojìng	qīngjīn	qíngjǐng	jìqiǎo
qīnqiè	xiànxiàng	xiāngxìn	jīngjì	qiángquán	jiājié
jīqì	qínjiǎn	xiàjì	jīngxǐ	xiángjìn	qíngxíng

4. r 的发音练习

rènao	rè'ài	rèqíng	rèxīn	rèliàn
rèmén	rèshuǐ	réngrán	rènyì	rènxìng
rènhé	rèntóng	rènzhòng-dàoyuǎn	rēngdiào	rēng qiú

tiānrán	zìrán	bùrán	yīrán	juérán
qīnrén	hǎorén	jiārén	fēirén	xiānrén
mēnrè	zàorè	zhāorě	dàorèn	biànrèn
kuānróng	wēnróu	niúrǔ	yóurú	wǔrǔ

5. 区别 z、c、s/zh、ch、sh/j、q、x

zh—z：	zhìzào	zìzhù	zhùzú	zēngzhǎng	zhízé
ch—c：	cánchuǎn	chūcì	chàngcí	chēcì	chīcù
sh—s：	shísì	sìshí	shēnsī	shānsè	shīsàn
zh—j：	zhíjìng	jìzhě	zhījǐn	jiàzhí	zhījǐ
ch—q：	chàqì	qí chē	chāiqiǎn	qīnchāi	chángqīng
sh—x：	xīshōu	Shānxī	xiāoshī	shíxí	xīshū

6. 绕口令练习

Sì shì sì.	四是四。	Four is four.
Shí shì shí.	十是十。	Ten is ten.
Shísì shì shísì.	十四是十四。	Fourteen is fourteen.
Sìshí shì sìshí.	四十是四十。	Forty is forty.
Sìshísì shì sìshísì.	四十四是四十四。	Forty four is forty four.

三、韵母训练法

韵母的训练主要涉及“双元音（或复合元音）”。在训练中，要把两个元音的韵母放在一个调域里练习，譬如“搞”不能念成：

而要做到在发全三声的时候，/a/ 和 /u/ 必须一块儿开始，一块儿结束，同时收音，不能闭口：

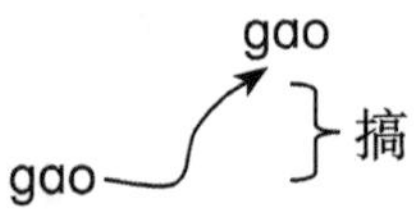

为了保证训练时准确地把握元音，可以借助押韵的方法，如练“搞”时，和“少、饱、小”等同韵同声词一起练。这种方法称之为“混元谐韵法”，在谐韵帮助下，两个

元音混而为一，起讫同步。

1. 双元音练习

luànlún	chuánhuà	tuánduì	shùnshǒu	chūnhuāng
bàochou	lāo ròu	chāoshōu	shòutáo	róudào
duìlěi	cuīféi	bēiwēi	lèituī	léizhuì
yuánjuàn	qúntuán	yuánjūn	xuànyùn	quánjūn
pāomáo	gāozhāo	bàodào	láobǎo	bàochǎo
shòuhóu	Ōu'zhōu	dòu'ōu	shōugòu	gōushǒu
zuòcuò	nuòruò	guòcuò	tuōluò	cuòluò

2. ü 的发音练习

yùjù	xùqǔ	qūjū	qūyù	xúxú
xià yǔ	bǐyù	jīyù	yùjì	jùxī
wúyǔ	yùnǚ	qūzhú	jūshù	yuánzé
shǔyú	yīnyuè	yuēdìng	yùyuē	yuèfā
lǜshù	lùxù	jùzǔ	lǚtú	qūchú
xuéxiào	tóngxué	hūlüè	yuányuè	Yuènán
yuánjuàn	qúntuán	yuánjūn	xuànyùn	quánjūn
jiéyuē	xuéjiè	quē xiě	xiéyuē	juéliè
jiùjū	qūjiù	lǜyīn	jiù qù	xūxuán

3. ou 和 uo 的发音练习

shǒuhòu	Ōu'zhōu	dòu'ōu	shōugòu	gōushǒu
zuòcuò	nuòruò	guòcuò	tuōluò	cuòluò
tōu xié	lòu shuǐ	kāikǒu	dōu hǎo	róuruǎn
tuōxié	luò shuǐ	kāikuò	hǎo duō	ruǎnruò
dōu shuō	gòu duō	shòucuò	tuōkǒu	hòuguǒ

4. 儿化的发音练习

huār	bèimiànr	qiúr	diànyǐngr	ménr
nǎr	yúcìr	dàhuǒr	xiǎoniǎor	xiǎoháir
yíkuàir	xiāngwèir	yìdiǎnr	méizhǔnr	méishìr
huà huàr	liáotiānr	xiàohuàr	chàng gēr	gēmenr
fànguǎnr	guǎiwānr	miàntiáor		

四、介音训练法

介音的训练采取“介音前归”的方法来说明和练习。譬如：“piao”要避免说成“皮袄”，那么可以注成“p^{i}+ao”，其他两个介音“u”和“ü”也一样。

介音练习

xiāoyáo	jiàohǎo	qiáogāo	liàokào	dāoqiào
lóngxiōng	diàotóu	qiónglóng	xiōngyǒng	jiǒngpò
liǎnxíng	liánxiāo	diàoxiāo	zǒuqiào	tiáojiào
qǐjià	jiāxiǎo	xiàojìng	qīngjīn	jìqiǎo
qīnqiè	xiànxiàng	xiāngxìn	qiángquán	jiājié
pāomáo	gāozhāo	bàodào	láobǎo	bàochǎo
shòuhóu	Ōu'zhōu	dòu'ōu	shōugòu	gōushǒu
zuòcuò	nuòruò	guòcuò	tuōluò	cuòluò
xuéxiào	tóngxué	hūlüè	yuányuè	Yuènán
yuánjuàn	qúntuán	yuánjūn	xuànyùn	quánjūn
jiéyuē	xuéjiè	quē xiě	xiéyuē	juéliè

五、口腔肌肉训练法

发音不仅是训练听力，更重要的是训练口腔发音的肌肉。这要求教师必须清楚哪一块（或几块）口腔的肌肉控制哪个音位的实现。在此基础上指导母语中不曾用过这块肌肉的学生，集中训练他们那块“不发达”的肌肉。比方说，学生在读“quánjūn”时，“ü”唇不够圆，不够突出，“a”的张口度不够大，听起来像是“qiánjīn”。有的同学说“中国”时，听起来像是“蒸国”，“同学”则听起来像是“疼鞋”，让其改正时，他们会抱怨说，很费劲。我们在一开始时，要让他有这种肌肉训练才行，否则，唇形和舌位不对，发音不可能准，又何以谈字正腔圆呢？

第三节　重音训练

重音是训练韵律语感的重要内容。重音的实现是通过轻重之间的对比实现的。重是相对轻而言的，因此没有轻就无所谓重。汉语轻重的不同首先表现在长度上。第二，调值实现的充分度[①]。第三，元音实现的完整度。重音所在的音节不仅在长度上表现为相对较长，而且调值实现得最充分，元音发得最完整。轻读的音节则长度较短，调值不充分，元音不到位。轻度音节在这三个方面的表现逐级下降，直到长度最小、调值为零、元音为/ə/的轻声（如："我的"的"的"）。不同的语法单位有不同的重音形式，包括词重音和短语重音，本节在介绍这两种重音的同时将功能词的重音作为一种特殊的重音形式进行介绍。

一、词重音（word stress）

词重音是重音训练的第一步。汉语里面很多词都因轻重对立而意义迥别。譬如："报仇"（右重）和"报酬"（左重）。下面这些同音的字（"hao""chou""zi"）都是不同等级的重音形式（">"表示"重于"）：

他好（不是坏）>你好（见面语）

报仇>范畴>报酬

鱼子>小山青子>妻子>椅子

区别不同等级的轻重类型是朗读的基础。训练方法可以从"鱼子>小山青子>妻子>椅子"这类"连续弱化"的字入手，体会什么是弱读，什么是轻读，什么是轻声。三音节词的重音表现比双音节词要复杂一些，其轻重的格式主要有如下几种（数字大小代表重音的等级强度）：

［111］：工农兵、老中青、福禄寿……

［213］：电视机、图书馆……

---

① 比如一声本为高平调，调值是55，在重读音节上它表现得高而长，可是在轻音节里就不仅短，而且低。二声和四声分别为由中向高和由高向低的两个弧形弯调，调值为35和51，可是在左重之后的轻音节里，这两个弯调都会因时间缩短而变成直调，上升的升不到应有的高度，下降的也降不到位。与此相反，同样的弯调在右重的重音节里就实现得极为充分，表现出清晰、明朗、容易感觉到的弧度。三声的现象更为有趣。它在右重的重音节里不仅能充分实现其本身应有的先降后升的弯调，即214的调值，而且会根据三声变调的音系规则触发前面的三声音节变成二声，如3-3调型的守［法］、鼓［板］、老［九］，同2-3调型的合［法］、铁［板］、十［九］的声调就很相像。这与它们最小差别对里的左重词语形成了鲜明的对照，因为那里的三声后音节不但因时长被压缩而不得不丢失自己的升尾，变成众所周知的、通常出现在一、二、四声重音节之前的"半三声"，更要紧的是它同时也失掉了触发前面三声音节变调的能力。所以［手］法、［古］板、［老］酒三个例词的前音节实际上还是标准的（甚至是夸大一点的）214调值，而后音节"法""板""酒"的半三声则又短又低，连剩下的21调值都被挤得不像还有什么弯度。（见王志洁、冯胜利，2006）

[203]：大拇指、胳肢窝、膊棱盖……

[230]：糖葫芦、书呆子……

二、功能词重音（all functional words are unstressed）

功能词一般都不携带重音，因此功能词在什么时候都一律弱读。功能词可以根据其语法性质分为句法功能词、构词功能词和词汇功能词三大类。

1. 句法功能词

体态助词：了、过、着

助动词：能、可、将、要、想……

否定副词：张三不知道他。

语气副词：他可不知道 / 都两点了！/ 怎么老不来啊？

结构助词：的、地、得……

介词：向、在、从、跟、比、给、把、叫、让、拿、替、被……

语气词：呀、吗、啦、哇、吧……

量词：三个人、四张纸、五把椅子、六条烟、五尺、三寸、三遍、五次……

方位词：房上、左边、里头……

2. 构词功能词

老师、椅子、石头、阿姨……

3. 词汇功能词

代词：他、他们、你、你们、我、我们、这、那、此、之、自己、什么的……

数量：几、些、三两个、一点……

上述各类功能词均需轻读，这是范畴化的语法轻读，所以一般没有例外。

三、短语重音（phrasal stress）

词汇上的轻重已固定成型，功能词又都轻读不重，而句中的任何成分都可重读，只要它是句子的特殊焦点。因此本节介绍句子的重音格式，特殊焦点除外。也就是，排除局部焦点重音的干扰以后的带有规律的短语重音格式。这种带有规律的短语重音格式就是通常所说的“核心重音（Nuclear Stress Rule）”。汉语的核心重音是由动词把重音指派给它直接支配的成分，也就是宾语和补语。因此，就一般情况而言，在没有特殊焦点和语义对比等重音的干扰时，句子的谓语永远重，而谓语中动词的宾语和补语比动词重。但是，如果宾语和补语是上面所说的功能词，而功能词不带重音，则重音自然就落在动词自己身上。下面列举不同结构的短语重音。

1. 主谓短语，谓语重：

花开了、老师没来上课、他买了两本书

2. 动宾短语，宾语永远重：

吃饭、走路、学汉语、开玩笑

3. 状动短语，有两种情况：

（1）状语轻于动词：

刚写两个字、先吃药再吃饭

（2）状语重于动词：

就走（马上走）、慢慢走、好好吃

4. 并列短语，同重：

唱歌跳舞、桌子和椅子、老师跟学生

5. 有疑问词，疑问词重：

谁来了、哪有啊、为什么走

6. 动补短语：

（1）补语重：

听懂了、写好了、考过了、看清楚、想明白、洗干净

（2）“没有”轻：

听懂了没有、想明白了没有

（3）动词重：

写好没写好、洗干净没洗干净

（4）“动得 + 补”中表能力动词重：

屋里放得下、回得去、跑得快跑不快、爬得出来爬不出来

（5）否定补语重：

看不见、回不去了、他扛不起来

（6）表结果的补语重：

跑得快、跑得很快、跑得不快、跑得快极了、跑得快不快

（7）动 + 趋：

①趋动皆轻：

拿 . 来 | 拿 . 起 . 来 | 跑 . 过 . 去 | 打 . 开 | 走 . 进 . 去 | 走 . 得 . 回 . 去

②“进、出、回”殿后，不宜轻读（“'”表示重读）：

钱已取'出|买'进|人早已送'回

③重读变义：

吃.过.了（经历过）|吃'过.了（刚吃完）

考.过.了（经历过）|考'过.了（过关了）

叫.他.去（去叫他）|叫.他'去（他去）

请.你.来（来请你）|请.你'来（你来）

没写.出.来（陈述结果）|没写.出'来（表示意外）

没跳.过.去（陈述结果）|没跳.过'去（表示意外）

放.得.下（一般陈述）|放.得'下（表示条件或强调）

④宾语重读：

拿.了一本书.出.来|拿.出.了一本书.来|拿.出.来.了一本书

7. 焦点重音（focus structure stress），焦点都重：

我喜欢'他（不是别人）|'我喜欢他（不是别人喜欢）|我'喜欢他（不是恨他）

8. 结构焦点（[重]表示重读）：

是[重]……的

连[重]……都……

又[重]……又[重]……

一边[重]……一边[重]……

越[重]……越[重]……

第四节　节奏的性质与格式

节奏的基本性质就是声音有规律的重复，因此韵律离不开节奏，而朗读训练就是要培养汉语的节奏感。本节主要介绍汉语的节奏及其如何切分句子的节奏。

第一，节奏的实现。汉语的节奏主要是通过停顿、间歇、拖腔和快慢来实现的。朗读训练主要在于掌握这几个重要的韵律特征。

第二，节律的切分与自我感知。准确判断文章作者的意旨、语气和情态，从而确定文句的焦点与重音的位置。然后，以焦点重音为核心，参照上面词汇词、功能词、短语和结构的重音格式，根据汉语音步“小不减二，大不过三”的规则，将句子、句群以至于段落切分成“轻重有间”“长短合宜”的节律群段。在这些节律群段里，有的地方需要间歇或停顿，有的地方要拖腔舒缓，有的地方要急声果断，要大声朗读才能让自己切实感知到汉语的“抑扬顿挫，声情并茂”之美。

第三，节奏训练的自然原则。感知汉语的“抑扬顿挫”和“声情并茂”，要特别避免“戏剧化”或“歌咏式”的儿童腔、阿姨腔或者演员腔。因此，节奏训练的基本原则是：朗读必须自然。虽不主张让教师或者学生像话剧中的人物那样说话（电影里的尚可），但能不能自然，是能不能控制间歇、停顿、拖腔和快慢的基本功。

第四，短语节奏的分类练习。把握和练习节奏，可从音节不同的数量单位入手，譬如：

1+1

学生、念书、很好、没了

［1+（1）+1］

简笔画、你我他、电视机、大白菜、小雨伞、红小豆、开玩笑、闹别扭、小白兔、大灰狼、什么面、不知道

2+2

唱歌跳舞、你来我去、你说我听、大人小孩、有事找我、又说又笑、说完就走、复印文件、进行改革、买电影票

2+3

一定/不能去、昨天/写作业、拿不/出来了

2+2+3

两只/耳朵/竖起来、我们/要见/毛主席、一站/二看/三通过

第五，句子节奏。下面的例子从短语节奏过渡到句子节奏。句子的节奏也是由短到长，需要对音步的节奏进行调整与组合。（“/”表示间歇，“//”表示间断，“#”表示停顿，“～”表示拖腔，下文同）

单句：从前有座山#山里有个庙，……

复句：你去我就去//下雨也去。

连句：进了屋//打开抽屉//拿出了一把手枪。

长句：教师/派玛丽/找人/到宿舍来/打扫房间。

长句是朗读训练的难点和重点，不仅要根据作者的意思和语态来“断句”，同时还要根据句法和韵律来切分节奏。如：

受害/妇女//向有关部门控告#却又/被//行唐县/公安局//
以～涉嫌/诬告陷害//刑事/拘留#并～执行/逮捕。

第五节　语调类别与功能

语调是朗读训练的最高阶段但不一定是最后才学的内容。在进行语音、重音、节奏训练的同时，需要逐步加强语调的训练。语调不是声调，尽管它也是由说话时语音的轻重、高低和快慢来实现的。语调通过句子（或短语）的音调来表达说话者对该句内容的态度和情绪。譬如：“她是学生”这句话，说话者如果对此表示怀疑，则用升调“她是学生↗”；如果说话者用降调的语气说“她是学生↘”，那就表示确信和确认。可见，语调有很强的表意功能。大致说来，下面四种对立的语调，是汉语里最基本和最常用的语调。

一、疑问调与肯定调

汉语的疑问句一般用升调，而肯定句用降调。

她是学生？（↗）

对，她是学生。（↘）

二、命令调和警示调

发出命令指示或给出警示时，用降调。

别哭！（↘）

再哭，我走了啊！（↘）

三、正式语调和俗谐语调

一般说来，正式语调趋向平稳，而俗谐语调比较夸张，也就是说轻重比差较大。

今天谁跟谁谈判？

咱俩谁跟谁呀！

四、低慢调和高快调

表示悲壮语气时，人们往往会使用低慢调。若表示欢快时，则会使用高快调（“～”表示拖腔）。

他～走～了！（他＝英雄）

他走了！（他＝老板离开了）

总之，学生学习汉语语音的最高境界是字正腔圆，若要达到这一目标，就要培养其韵律节奏感。而朗读是唯一且有效的捷径。

参考文献

陈原（2002）《赵元任全集》，商务印书馆。

杜牧（2007）《樊川文集》，上海古籍出版社。

冯胜利（2005）《汉语韵律语法研究》，北京大学出版社。

冯胜利（2006）《汉语书面用语初编》，北京语言大学出版社。

冯胜利（2007）赵元任的教学原则与神经科学的最新发现，见李坤珊主编的《留学生在华汉语教育初探——汉语作为第二语言习得研究》，北京大学出版社。

冯胜利（2008）海外汉语教学与研究的新课题，《云南师范大学学报（对外汉语教学与研究版）》第1期。

冯胜利（2010a）论语体的机制及其语法属性，《中国语文》第5期。

冯胜利（2010b）《汉语的韵律、词法与句法》（修订版），北京大学出版社，1997年第1版。

冯胜利、施春宏（2011）论汉语教学中的"三一语法"，《语言科学》第5期。

冯胜利、施春宏（2015）《"三一语法"：结构·功能·语境——初中级汉语语法点教学指南》，北京大学出版社。

顾安达（2005）度过汉字的难关——当西方人尝试阅读中文，《国际汉语教学动态与研究》第4期。

顾百里（2012）《基础中文：读与写》（*Basic Written Chinese—An Introduction to Reading and Writing for Beginners*），Tuttle Publishing。

国家汉语水平考试委员会办公室考试中心（2001）《汉语水平词汇与汉字等级大纲》（修订本），经济科学出版社。

胡利荣（2010）浅析语境与大学英语词汇习得，《科海故事博览·科教创新》第8期。

胡晓莹（2010）二语心理词汇习得的发展与词汇石化，《琼州学院学报》第4期。

刘乐宁、阎玲（2015）《走近中国——初级汉语教程》（刘乐宁、朱永平丛书主编），北京大学出版社。

吕叔湘（1987）语言和语言研究，《语文建设》第5期。

孟子（1960）《孟子》，中华书局。

盛炎（1987）赵元任先生对汉语教学的贡献，《语言教学与研究》第3期。

施春宏（2010）从句式群看"把"字句及相关句式的语法意义，《世界汉语教学》第3期。

苏金智（1999）《赵元任学术思想评传》，北京图书馆出版社。

索绪尔（1980）《普通语言学教程》（高名凯译），商务印书馆。

万业馨（2012）《汉字与汉字教学研究论文集》，北京语言大学出版社。

王永娜（2010）《汉语书面正式语体的语法手段》，北京语言大学博士学位论文。

王志洁、冯胜利（2006）声调对比法与北京话双音组的重音类型，《语言科学》第1期。

杨联陞（2004）赵元任先生与中国语文教学，见蒋力编《哈佛遗墨——杨联陞诗文简》，商务印书馆。

姚孝遂（1980）古汉字的形体结构及其发展阶段，见中山大学古文字研究室编《古文字研究》第四辑，中华书局。

张伯江（2000）论"把"字句的句式语义，《语言学习》第1期。

张猛（2015）训诂和汉语体系的关系，《北京大学学报（哲学社会科学版）》第1期。

张淑静（2005）二语心理词汇和母语心理词汇的差异，《四川外语学院学报》第5期。

张旺熹（2001）"把"字句的移位图式，《语言教学与研究》第3期。

赵新那、黄培云（1998）《赵元任年谱》，商务印书馆。

赵元任（1923）《国语留声片课本》，商务印书馆。

赵元任（1932）A preliminary study of English intonation and its Chinese equivalents，见中央研究院历史语言研究所集刊外编《蔡元培先生六十五岁庆祝论文集》。

赵元任（1959/1980/2003）《语言问题》，商务印书馆。

"中国语言生活状况报告"课题组（2006）《中国语言生活状况报告》（下编），商务印书馆。

周有光（1997）《中国语文的时代演进》，清华大学出版社。

周质平（2010）对外汉语教学史上的赵元任，见《第九届国际汉语教学研讨会论文选》编辑委员会编《第九届国际汉语教学研讨会论文选》，高等教育出版社。

朱德熙（1985）《语法答问》，商务印书馆。

朱永平（2008）《对外汉语教学法》（陈枫主编），中华书局。

朱永平（2012）继承与发展：赵元任汉语教学理念与普林斯顿模式——对外汉语教学之普林斯顿模式探讨之三，《国际汉语教育》第1期。

Anttila, Raimo (1989) *History and Comparative Linguistics.* 2nd edition. Amsterdam: Benjamins.

Chao, Yuen Ren (1947) *Cantonese Primer*. Cambridge, MA: Harvard University Press.

Chao, Yuen Ren (1948) *Mandarin Primer*. Cambridge, MA: Harvard University Press.

Chao, Yuen Ren (1968) *Sayable Chinese*. San Francisco: Asian Language Publications.

Chomsky, Noam (1988) *Language and Problems of Knowledge: The Managua Lectures*. Cambridge, MA: The MIT Press.

Feng, Shengli (2004) Prosodic structures and its implications for teaching Chinese as a second language. *Journal of the Chinese Language Teachers Association* 39, 1-24.

Jiang, N. (2000) Lexical representation and development in a second language. *Applied Linguistics* 19, 255-271.

Krashen, S. D. (1985) *The Input Hypothesis: Issues and Implications*. London: Longman Group UK Ltd.

Levelt, W. J. M. (1989) *Speaking: From Intention to Articulation*. Cambridge, MA: The MIT Press.

Light, Timothy (1982) Celebrating Y. R. Chao. *Journal of the Chinese Language Teachers Association* 3.

Mair, Victor (2001) *Columbia History of Chinese Literature*. New York: Columbia University Press.

McLaughlin, B. and Heredia, R. (1996) Information-processing approaches to research on second language acquisition and use. In W. C. Ritchie and T. K. Bhatia (eds.), *Handbook of Second Language Acquisition*. San Diego: Academic Press, 213-228.

Nattinger, James R. and DeCarrico, Jeanette S. (1992) *Lexical Phrases and Language Teaching*. London: Oxford University Press.

Peirce, C. S. (1931) *Principles of Philosophy*. Cambridge, MA: Harvard University Press.

Sauve, D. and Genesee, F. (2000) Grammatical constraints on child bilingual code-mixing. Paper presented at the Annual Conference of the American Association for Applied Linguistics, March 12, Vancouver, Canada.

Swain, M. (1985) Communicative competence: Some roles of comprehensible input and comprehensible output in its development. In S. Gass and C. Madden (eds.), *Input in Second Language Acquisition*. New York: Newbury House, 235-256.

T'ung, P. C. and Pollard, D. E. (1982) *Colloquial Chinese*. London and New York: Routledge, Taylor & Francis Group.

Ullman, Michael T. (2001a) A neurocognitive perspective on language: The declarative/procedural model. *Nature Reviews Neuroscience* 2, 717-726.

Ullman, Michael T. (2001b) The neural basis of lexicon and grammar in first and second language: The declarative/procedural model. *Bilingualism: Language and Cognition* 4, 105-122.

Wray, A. (2002) *Formulaic Language and the Lexicon*. Cambridge, UK: Cambridge University Press.